简 介

JIANJIE

本教材为全国中等职业技术学校印刷专业国家级规划教材，由人力资源和社会保障部教材办公室组织编写。教材围绕印刷品计价的典型实例组织教学内容，首先介绍了印刷业务员应掌握的基本技能和技巧，然后重点讲述了出版物、包装盒、宣传页等印刷品的印前、印中、印后三大工序的计价方法，以及常用印刷材料计算和印刷估价的相关知识。教材正文中穿插了“例题”和“技能训练”：通过例题讲解，引导学生运用所学知识解决实际问题，掌握正确的计算方法；通过技能训练，使学生加深对相关知识的理解，提高实际操作能力。教材每章后还设置了“思考练习题”，以帮助学生进一步巩固所学知识和技能。教材配有电子课件，可登录 www. class. com. cn 在相应的书目下载。

本教材由王国庆任主编，陈世军、郝景江参加编写，杨速章审稿。

目　录

MULU

第一章　印刷品工艺设计

学好印刷品工艺设计是搞好印刷成本核算工作的前提。印刷品工艺设计应从适用、经济、美观这几方面来考虑。所谓适用，就是根据用户对象和使用场所来确定规格大小和印后加工方式。所谓经济，就是既要从需要出发，又要体现节约的精神。所谓美观，就是在适用、经济的前提下达到美观的要求。

印刷品工艺设计主要包括印前接单设计和印刷加工设计。

第一节　印前接单设计

一件好的印刷品要经过创意、策划及印品工艺设计过程。在印刷企业印前接单过程中，客户及设计人员都要对印刷品的版式、工艺进行详细的描述，提出好的见解。只有这样，企业才能留住客户，客户才能信任企业。印前接单设计包括业务承接与工艺描述、版式设计、印刷品总费用计算、收取定金等内容。

一、业务承接与工艺描述

1. 业务承接

印刷企业的加工特性决定了客户在生产经营中的特殊地位。没有客户，就无法生产经营。因此，印刷企业的营销人员在承接业务时要把握相应的原则，了解新闻出版行业相关的政策、法规，掌握编辑工作的基础理论知识与版权知识，熟悉编辑出版、印刷工艺流程及技术要求，掌握印刷成本核算的基本原则。

2. 工艺描述

作为一名印刷业务人员及设计操作者，除了能依据产品宗旨独立完成选题的计划设计与实施，具有较强的组稿、编辑、校对能力外，还要在与客户的信息交流过程中正确认识客户。要认真而详细地与客户进行交流，并准确无误地对印刷品加工工艺进行描述和传达，以免对客户及下道工序造成不必要的麻烦。工艺描述的具体内容包括版式设计、原材料要求、质量要求、工序要求、交货时间及方式。

二、版式设计

版式设计是拿到原稿后进行设计的第一步，也是使产品达到满意效果的关键。版式设计也称为编排设计。

实际上，“编排”一词在平面设计领域中，不是单纯的一条线、一行文字、一个图案的安排，还包括产品的成品尺寸、颜色搭配等。

1. 版式设计的要求

版式设计是书籍装帧设计的重要部分。版式设计要结合书籍的内容，既要经济实用，又要美观大方。不同书籍的版式设计不同：儿童读物要求生动活泼、图文并茂；科技图书要求层次清楚，公式、图表准确；辞书要求庄重、大方、规范。各类书籍标题字的字体和字号要突出醒目、形式活泼、段落清楚、层次丰富、便于阅读。正文字号、字体和外文字母正斜体、黑白体要标明。插图、表格位置安排要合适。宣传画、包装盒等要突出主题、色彩鲜艳、美观大方。

2. 版式设计的程序

版式设计的程序主要包括以下几点：

(1) 策划认识过程

收集设计情报，确认相关资料。

(2) 分析设计过程

对设计进行定位，对资料进行分析和评估。

(3) 设计理念过程

整理设计方案，启发灵感和思路。

(4) 判断方案过程

从各设计方案中选择、优化，评估其价值和效果。

3. 版式设计的内容

(1) 确定开本（或成品尺寸）。

(2) 规定版式。版式就是印刷品（或出版物）的版面格式。开本确定后，要确定各类标题及图片的位置，如出版物中的篇、章、节、目、正文等的字号、字体、排放位置及尺寸，标注版心尺寸，批注内封、内容提要、图书在版编目（CIP）数据、前言、目录、书眉、附注的字体和字号，以及全书内容的层次（如另页排、另面排、标题占几行等）。

(3) 确定排版和印刷方式，确定装订方法（如平装、精装、骑马订装或特殊要求的装订方法等）。

(4) 对彩色美术设计的产品进行检查，看是否符合制版和印刷的要求，四边必须留有 3 mm 裁切位置。

(5) 如本产品是出版物，应确定版权标识的内容和位置。图书的版权标识一般印在扉页的背面下方；期刊的版权标识可印在封底。

4. 版式设计常用数据及其计算与换算

(1) 不同开本文字字体、字号的配置（一）（见表 1—1）

表 1—1　　不同开本文字字体、字号的配置（一）规格：787×1092　　mm

开本	成品尺寸	字号	字数×行数	版心尺寸	常用书籍
16	185×260	五	39×37	143×213	一般图书
16	185×260	五	39×39	143×214	科技图书
16	185×260	小五	45×39	144×214	科普读物
16	185×260	小五	49×41	157×215	一般刊物
16	185×260	小五	48×46	155×220	工具书、科技刊物
16	185×260	小五	51×56	161×232	辞书
32	130×185	小四	23×22	96×138	青少年读物
32	130×185	五	26×24	96×143	重点图书

续表

开本	成品尺寸	字号	字数×行数	版心尺寸	常用书籍
32	130×185	五	26×26	96×147	政治、文艺图书
32	130×185	五	27×27	96×147	一般图书
32	130×185	小五	29×29	92×144	科普读物
32	130×185	小五	32×32	102×153	工具书
64	92×128	五	19×19	70×102	一般图书
64	92×128	小五	20×19	63×94	一般图书
64	92×128	小五	22×21	70×100	小型工具书

注：以上为竖开本版面规格，锁线订、胶订、骑马订版心左右宽度稍大些，平订左右宽度稍小些。

（2）不同开本文字字体、字号的配置（二）（见表1—2）

表1—2　不同开本文字字体、字号的配置（二）规格：850×1168　mm

开本	成品尺寸	字号	字数×行数	版心尺寸	常用书籍
32	140×202	小四	24×24	102×162	青少年读物
32	140×202	小四	24×25	101×156	青少年读物
32	140×202	五	27×25	100×155	青少年读物
32	140×202	五	27×27	100×155	文艺、理论书籍
32	140×202	五	27×27	100×155	文艺、理论书籍
32	140×202	五	27×28	100×153	一般图书
32	140×202	五	28×28	103×162	一般图书
32	140×202	五	29×29	106×158	科技类图书
32	140×202	小五	35×35	105×165	工具书
32	140×202	小五	37×36	104×152	辞书
64	101×137	五	20×19	73×103	一般图书
64	101×137	小五	23×22	70×103	宣传资料
64	101×137	小五	26×25	82×112	工具书
64	101×137	六	30×28	83×115	工具书

注：以上为竖开本版面规格，锁线订、胶订、骑马订版心左右宽度稍大些，平订左右宽度稍小些。

（3）封面工艺尺寸（见表1—3）

表1—3　封面工艺尺寸　mm

开本	成品	天头	地脚	封面上下版心长度	书脊		书号、定价	
					天头	地脚	地脚	靠脊
16	185×260	50	30	180	20	16	30	15
大32	140×202	40	25	137	18	14	25	15
32	130×185	35	20	130	16	12	22	15
大64	101×137	25	15	97	14	10	15	10
64	92×128	25	15	88	14	10	15	10

续表

开本	成品	天头	地脚	封面上下版心长度	书脊		书号、定价	
					天头	地脚	地脚	靠脊
横 16	184×260	32	22	130	16	12	22	15
横大 32	140×202	27	18	95	14	10	15	15
横 32	128×185	25	15	88	14	10	15	15
36	115×185	35	20	130	15	12	20	15
横大 64	100×137	20	13	67	12	8	15	10
横 64	90×128	20	10	60	12	8	15	10

例如，成品尺寸为 185 mm×260 mm 的书刊封面工艺尺寸如图 1—1 所示。

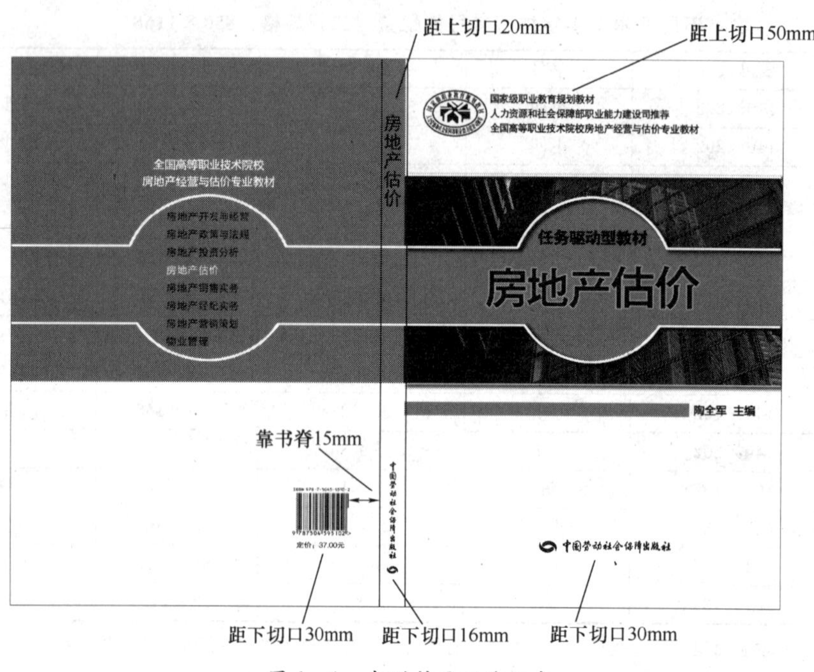

图 1—1 书刊封面工艺尺寸

（4）扉页字体、字号及版式规格（见表 1—4）

表 1—4 **扉页字体、字号及版式规格** mm

开本	书名		作者名		社名		
	用字	距社名	用字	距上行	字号	宽度	距下切口
64	三宋或三仿	80	五楷	6	五号	36	23
大 64	三宋或三仿	85	五楷	8	五号	36	23
长 36	二长仿	120	五楷	10	五号	40	30
32	二宋或二仿	125	五楷	10	小四号	42	28

续表

开本	书名		作者名		社名		
	用字	距社名	用字	距上行	字号	宽度	距下切口
大 32	二宋或二仿	135	小四宋	10	小四号	48	32
16	二黑或一宋	175	小四宋	12	四号	56	42

注：如字数过多，可以改用长仿宋体或长变体字。

例如，16 开书的扉页字体、字号及版式规格如图 1—2 所示。

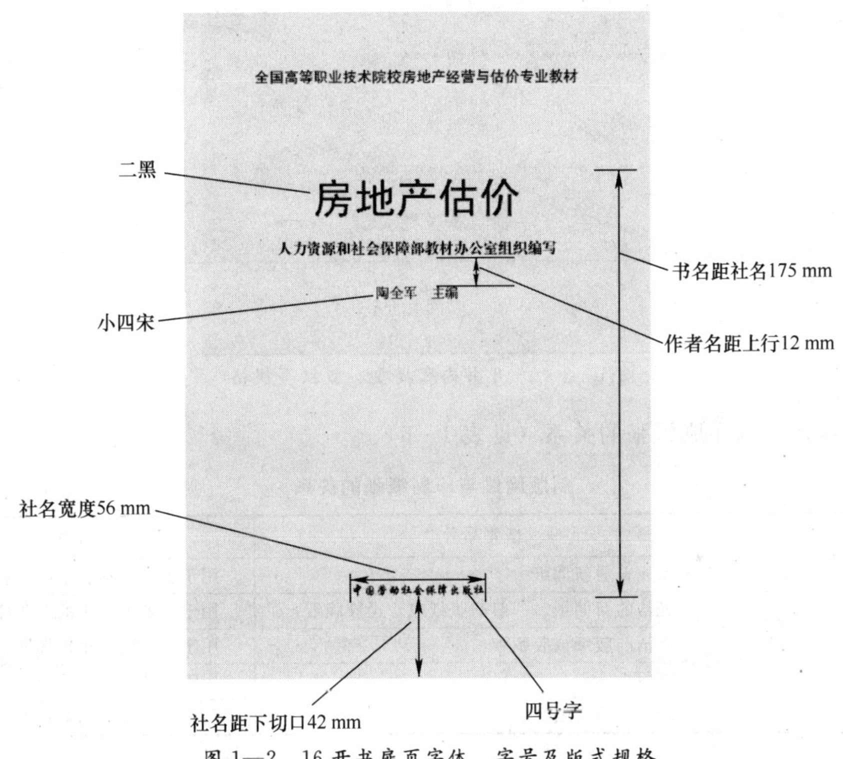

图 1—2 16 开书扉页字体、字号及版式规格

（5）内容提要、版权页规格（见表 1—5）

表 1—5 **内容提要、版权页规格**

开本	内容提要		版权页（mm）（也可单独占一面）	
	用字	每行	距内容提要总长	距下切口
64	六宋	20 字	85	20
大 64	六宋	22 字	90	20
长 36	六宋	22 字	125	28
32	六宋	20 字	130	25
大 32	六宋	30 字	140	30
16	小五宋	35 字	180	40

例如，16 开书的内容提要、版权页规格如图 1—3 所示。

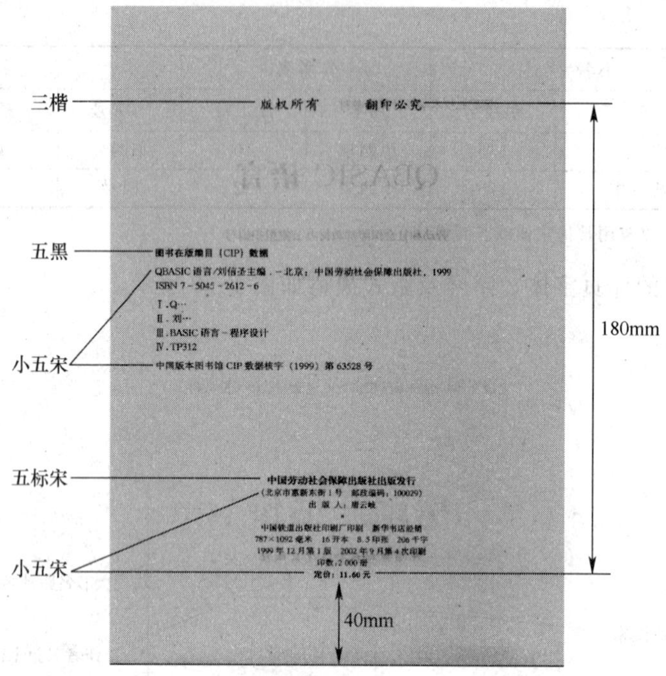

图 1—3　16 开书内容提要、版权页规格

（6）制版网线与印刷纸张的关系（见表 1—6）

表 1—6　**制版网线与印刷纸张的关系**　线/in

网线线数	纸张品种	用途
60～75	粗质普通新闻纸	用于报纸、期刊中的单色插图
80～85	光洁的新闻纸、一般凸版纸或普通胶版纸	用于一般书籍中的单色插图
90～100	光洁凸版纸或胶版纸	用于半细致的单色插图
120～130	铜版纸	用于细致的单色或彩色图
150～175	较好的铜版纸	用于特别细致的彩色图

（7）书脊字体字号及其计算（见表 1—7）

表 1—7　**书脊字体字号及其计算**（以 52 g 凸版纸为例）

开本 / 名称 / 页数	64		长 36、32		16	
	书名	社名	书名	社名	书名	社名
30～40	六黑	六宋	六黑	六宋	六黑	六宋
40～65	小五黑	六宋	五黑	小五宋	五黑	小五宋
65～90	五黑	小五宋	五黑	小五宋	小四黑	小五宋
90～140	小四黑	五宋	小四黑	五宋	三黑	小四宋
140～200	四黑	五宋	四黑	小四宋	二黑	三宋
200 以上	三黑	小四宋	三黑	四宋	一黑	三宋

注：书脊厚度的基本计算公式为：书脊厚度＝(总面数÷2)×纸张厚度。

例如，1 本正 32 开书的总面数是 620 面，用 60 g 双胶纸印刷，纸张厚度为 0.075 mm，则书脊厚度＝620÷2×0.075＝23.25（mm）。

书脊厚度的确定：

1）如果用两种以上的纸张印刷，就要用上述公式分别计算，然后把结果累加。

2）考虑到书刊装订的封皮的背口量，计算结果为小数时应向上取整，计算结果为整数时应加 0.5 为宜。

（8）不同层次标题字体、字号的配置（见表 1—8）

表 1—8　　不同层次标题字体、字号的配置（32 开）

标题层次	字体、字号的配置
2	三宋、小四黑或四宋、五黑
3	三宋、四楷、五黑或三黑、小四宋、五黑
4	三黑（或三宋）、四楷、小四宋、五黑
5	三黑（或三宋）、四楷、小四宋、五黑、五楷（或五仿）
6	三黑、四宋、小四黑、小四宋、五黑、五楷（或五仿）

注：16 开本可在此基础上大 1～2 级字号，64 开本可小 1～2 级字号，但最小层次标题的字号不得小于正文字号。

三、印刷品总费用计算

业务员与客户对产品的印前设计结束后，业务员要针对产品向客户报出一个合理的价格，即印刷品总费用。然后由客户根据产品报价及企业的加工能力、信誉等因素来决定该印件是否在此加工。

印刷品的总费用包含原材料（纸张、精装书的相关辅料）费、设计费、制版费（包括发菲林）、打样费、印刷版费（CTP 版或 PS 版）、印工费和后加工费。

将这些费用累计就是该批印件的总费用，再平均到数量里面就是单价。需要说明的是，印刷估价的依据主要是印刷工价表，由于我国各省、各地区的经济发展水平不一致，因此印刷工价也不一致。这也说明，对于同一印刷活件，在不同地区、不同省份报价，其结果是不同的。这就要求业务员根据本地区的具体情况来进行报价。

四、收取定金

在合同订立或履行之前，业务员一定要向客户收取定金，定金的收取比例由客户和企业协商，一般情况下按货款总额的 30％收取，同时向客户讲明收取定金的原因。

1. 打稿、打样需投入成本

在三校稿过程中需要打印机打印，在终校定稿后需要打印成品样，这些都需要投入成本。

2. 原材料需投入成本

产品下单前需按照客户的要求购进纸张及油墨等原材料。

第二节　印刷加工设计

印刷加工设计是指接到订单之后对产品加工流程以及交货事宜进行设计的过程。该设计过程包括生产工艺通知单的下发、产品质量控制、客户校稿与履行交货手续等。

一、生产工艺通知单的下发

生产工艺通知单的下发与填写是印刷加工设计过程中非常重要的一环，它可以让一线工人详细了解印件内容及正确掌握生产进度。因此，设计、制版、印刷、印后加工等工序的操作人员应该熟悉生产工艺通知单的内容，并详细了解它的含义。

生产工艺通知单通常有两部分，即印前部分和印刷、印后部分。

1. 印前部分

印前部分的设计制作工艺单见表1—9。

表1—9　　设计制作工艺单

年　月　日　　制票人：　　　　No.

<table>
<tr><td>客户名称</td><td></td><td>联系人</td><td></td><td>联系电话</td><td></td></tr>
<tr><td rowspan="8">印品名称</td><td rowspan="8"></td><td>开数</td><td rowspan="3"></td><td>面数</td><td></td></tr>
<tr><td rowspan="2">成品尺寸</td><td rowspan="2">色数</td><td>前色
后色</td></tr>
<tr><td>专色</td></tr>
<tr><td rowspan="2">封面版式规格</td><td rowspan="2"></td><td>封面工艺尺寸</td><td></td></tr>
<tr><td>封面色数</td><td></td></tr>
<tr><td colspan="2">扉页字体、字号及版式规格</td><td colspan="2"></td></tr>
<tr><td colspan="2">内容提要、版权页规格</td><td colspan="2"></td></tr>
<tr><td colspan="2">正文的版面规格</td><td colspan="2"></td></tr>
<tr><td rowspan="3">客户定稿时间</td><td>一校</td><td></td><td>打样</td><td colspan="2">开　色　套</td></tr>
<tr><td>二校</td><td></td><td>出菲林</td><td colspan="2">开　色　套</td></tr>
<tr><td>三校</td><td></td><td>硫酸纸</td><td colspan="2">正文</td></tr>
</table>

注：各工序人员必须严格执行设计制作工艺单的各项要求，发现问题及时与制票人沟通。

2. 印刷、印后部分

印刷、印后部分的生产作业工艺流程单见表1—10。

表 1—10　　　　生产作业工艺流程单

年　月　日　　制票人：　　　　　　　　　　　　No.

客户名称		联系人			联系电话		
印品名称				付印样		黑白　彩色	
印刷开数		上机印数		用纸	规格　克　纸		
产品尺寸					规格　克　纸		
交货时间		交货方式	自提　送货 发货	断料说明			
纸张出库				克　纸		克　纸	
纸张名称	正数	加放	大纸总数				
印后加工说明				发片/打样			
项目	规格	数量	项目	规格	数量	发片：　开　色　套；打样：　开　色　套	
覆膜			模切			晒版说明	
UV 上光			裱糊			机号	印版规格 / 晒版方式 / 数量
烫金							
质检报告							
合格品数量 不合格品数量 质检员签字				印刷说明			
				印品名称		印刷机台	
				印刷方式		印刷数量	印刷色数
装订说明				双面台数			
平订/锁线订/骑马订/胶订/裁成品/糊封套				自翻台数			
打包方式：每包　张（本） 共计：　包				补印记录：			

注：各工序人员必须严格执行生产作业工艺流程单的各项要求，发现问题及时与制票人沟通。

二、产品质量控制

生产过程的规范化、数据化和标准化是印刷企业的目标，但长期以来却没有得到真正的解决。其根本原因在于如何对生产结果（包括成品和半成品）做出判断，尽可能客观地给出评价。具体有以下几项内容：

1. 减少对操作人员的依赖性，尽可能以客观的方式控制印刷过程，使工艺描述、过程控制、质量评价和生产管理等从定性走向定量的根本途径是采用数字（计算机集成印刷系统）工作流程。

2. 改变企业管理模式、提升企业形象、提高产品档次等也需要引入数字工作流程，使企业的生产系统纳入正规轨道。但是，组建计算机集成印刷系统的主要困难并不在于购买设备和软件，而是人员培训。

3. 产品质量控制的程序及内容（见图 1—4）

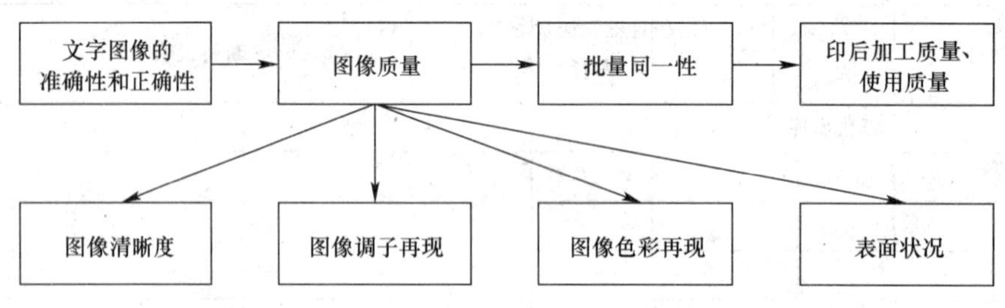

图 1—4 产品质量控制的程序及内容

4. 完善签样手续

一级签样：年画、期刊、封面、内页等一般性的产品由生产班组长签样即可。

二级签样：挂历、画报等比较精细的产品由生产班组长、工段长和车间主任签样。

三级签样：精美大型画册、票证、出口样本等由生产班组长、工段长、车间主任和技术厂长签样。

三、客户校稿与履行交货手续

印刷行业属于分散型加工企业，必须协调和处理好印刷工艺中的工艺流程。这也正是印刷企业更好地完善企业与客户之间产品验收与交货手续的前提和保障。

1. 校稿、加工、交货程序（见图 1—5）

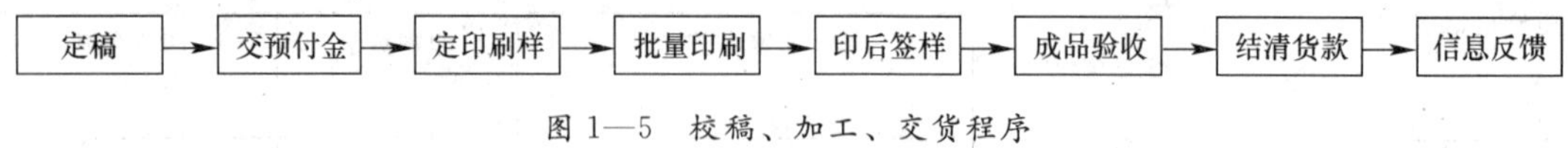

图 1—5 校稿、加工、交货程序

2. 注意事项

（1）提醒客户重视校稿，注意文字、规格、色样、交货时间等，并让客户核准签字。

（2）交货时让客户验收，介绍产品的优点，让客户满意。

（3）验收后一定要让客户签单（送货单），然后再向客户提供收款凭证（收据、发票），让客户履行协议或合同收款方式。实在因其他原因不能付款，让客户方领导签未付款字据并写明付款时间。

3. 过错和质量问题的处理

（1）对方过错

根据实际数量和客户态度和平解决，让对方尽量承担纸款、印刷费及其他费用，协商至双方达成共识。

（2）我方过错

以能让对方接受为目的，可采用降价、赠送、下次重印等方法。

4. 正确履行校稿与交货手续的意义

（1）能够更好地提高企业的形象文化、精神文化、物质文化、制度文化和人格文化。

（2）能够及时得到产品质量的信息反馈。

（3）保证客户制订的时间计划顺利执行，同时也为企业自身创造更高的知名度和信誉保证。

（4）使生产部门合理而有效地安排生产规划，同时也是衡量企业生产能力的一个方面。

（5）及时履行产品验收与交货手续还可以增加流动资金和降低风险职责。

思考练习题

1. 版式设计的程序是什么？
2. 版式设计的内容有哪些？
3. 印刷品总费用所包含的内容有哪些？

第二章　印刷前期（制版）的计价方法

印刷前期简称印前，是印刷之前处理过程的总称，是指印刷品从初始构思到印刷之前所涉及的全部过程。印前由原稿图文输入、版面编辑、拼版和制版等部分组成。其加工过程大致就是依据出版社或委印单位审定的原稿，经印刷厂加工和出版社或委印单位批样后输出阳图菲林，俗称胶片。随着计算机技术的飞速发展，数字印刷技术已被广泛应用，由此必然引起印前计价过程和计价项目的调整，如 CTP（直接制版机）的普及，即如果使用 CTP 制版印刷，在印前计价的项目里就应省去菲林费。制作印版时直接把电子文件转移到版材上，而这部分费用通常计算到印刷费里（见本书第四章）。

在传统印刷时期，印刷用版的制备起点是出版社或委印单位交付的原稿，经过印刷厂整稿、录入、扫描、制作、打样、改样、拼版等加工，终点是出片、打样，即菲林和清样就是制版阶段的完成品。制版按加工对象分为单色制版和彩色制版两个项目，这两个项目大都以“面”为基本单位计价。

本书中引用的印刷工价表为某地区印刷工价的指导价格，仅供参考。由于我国各地区经济发展水平有差异，印刷工价的指导价格也有所不同，从事本行业的业务人员在印刷品计价的工作中要以本地区印刷工价的指导价格为准。

委印单位提供的素材即为原稿，原稿的种类包括单色文字稿、线条稿、表格稿、网线稿、彩色原稿等。现就以上这几种原稿进行详细的分析、计算。

第一节　单色文字稿、线条稿、表格稿排版计价

单色文字稿、线条稿、表格稿是出版物、报纸、文件等常用的版面内容，因此，学好它们的排版计价方法对从事出版印刷业务的人员相当重要。

单色制版费计算公式：制版费＝录入费＋菲林费（或硫酸纸费）

如印刷版使用 CTP 制版，则制版费不含菲林费。

一、汉字排版

纯汉字的照排计价（录入费）方法是每面单价与该产品总面数的乘积或每千字单价与该产品总千字数的乘积。

印刷工价表实际上就是各省份、各地区印刷企业的收费标准，对于国有企业来说，印刷工价是由各省份、各地区的物价局规定的，而对于私有企业来说，则存在着各自的收费标准。所以，要准确地对印刷活件进行报价，了解印刷工价表的有关条款。下面将以北方某地区的汉字排版价格（见表 2—1）为例来加以说明。

表 2—1 汉字排版价格（不含菲林或硫酸纸的费用）

项目	计算单位	工价（元）
社会科学、自然科学类	千字	10.00
古典类（不混排及行间不串排大小字）	千字	10.00
古典类（行间单双行混排）	千字	13.00
字（词）典类	千字	13.50

1. 排版字数以面折算，排五号、小五号、六号字均以版面字数按表 2—1 中的工价计算。大于五号字按版面可容五号字数量计算。

实际版面字数＝每行字数×每面行数

排大于五号字时，计算字数公式为：

可容五号字数＝版面（cm^2）×4.76

页码、书眉、栏线独占一行者，均以一行计，文内图版、空白均不予剔除，图版超出版心者按版心加 20%计。全书排字尾数不足一千字者，按一千字计。

2. 零星排版，如书的封面、内封、插页、版权页、提要、拼图等版面字数不易计算者，以表 2—2 规定的字数按社会科学、自然科学类标准计算。

表 2—2 零星排版的计算

开数	大 16 开以下	大 32 开以下	大 64 开以下
字数	1 600	800	400

例如，大 16 开的书，其插页、版权页、提要各占 1 面，则这 3 面的字数为 3×1 600＝4 800 字。

3. 委印单位自备磁盘出软片（菲林）者，32 开每面 5 元（如出硫酸纸每面 1 元）。重新进行组版出大样者，32 开每面 7 元（均含软片费）。按此标准 16 开加倍，64 开减半。

4. 社会科学、自然科学类中，均包括文内有不同字体、字号、注文、西文、数码等。文中有一般公式者加价 20%；有叠排公式不足 1/2 面者，按表 2—1 中的工价加价 50%；叠排公式占 1/2 面及以上者，按表 2—1 中的工价加价 100%。文中带插图者加价 10%（辞书类除外）。

5. 委印单位要求排繁体字或繁体字稿排简体字者，按表 2—1 中的工价加价 20%。

6. 送校样以三次为限，每超过一次按排版工价的 15%收费。每次送样后，如由于委印单位的原因，造成改动较大或进行串版者，改动版面按全书平均每面价格的 50%收改版费。

7. 校样每次均送一份，超过者另收工料费：小于 16 开的每面 0.03 元；16 开及以上且小于 8 开的每面 0.05 元；8 开及以上的每面 0.08 元。复印样 16 开每面 0.15 元；32 开每面 0.08 元。

【例题 2—1】 某设计室接到一本自然科学类中文书稿，版式要求为正 16 开，内封、版权页、编委名单各占 1 面，正文每面字数为 39×39 字，用五号宋体录入，正文共计 128 面，终校后出菲林（16 开），不拼大版，求这本书的制版费。

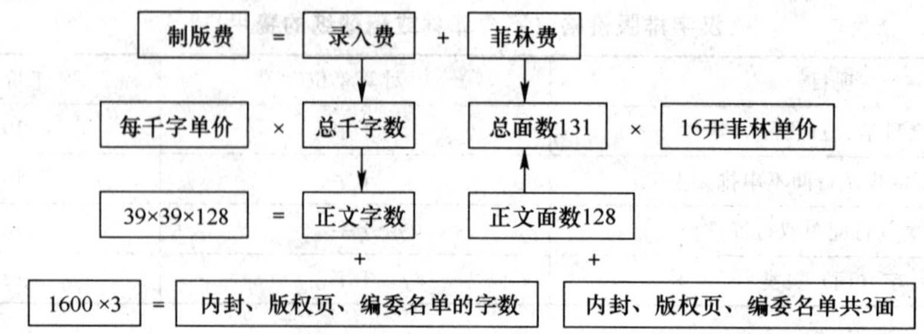

计算过程：

内封、版权页、编委名单这三面的字数＝3×1 600＝4 800 ≈ 5 000（字）

正文的总字数＝39×39×128＝194 688 ≈ 195 000＝195（千字）

尾数不足一千字者，按一千字计。

书稿字数总计为 5＋195＝200（千字）

即：录入费＝200×10＝2 000（元）

菲林费＝131×10＝1 310（元）

所以这本书的制版费＝2 000＋1 310＝3 310（元）

技能训练：

一本大 32 开的教材，内封、版权页、编委名单各占 1 面，正文每面字数为 29×29 字，用五号宋体，正文共计 160 面，三校后出菲林，不拼大版，求这本书的制版费。

内封、版权页、编委名单这三面的字数：________________

正文的总字数：____________________________

书稿字数总计：____________

录入费：________________

菲林费：________________

这本书的制版费：________________

二、外文及中外文对照排版

外文及中外文对照排版费与中文排版费的计算公式相同，但录入费的计算单位不同。外文及中外文对照排版价格见表 2—3。

表 2—3　外文及中外文对照排版价格　元

分类	计算单位	俄、英、德、法、日文	
		6～10 磅字	12 磅字
外文排版	每行每厘米	0.037	0.03
中外文对照排版	每行每厘米	0.048	0.04
三种文字对照排版	每行每厘米	0.065	0.05

1. 外文占版面 1/2 以上者，按外文排版计算。计算单位“每行每厘米”是指按版面可容纳量计算，空白及图版部分不予剔除，计算方法同汉字排版。

2. 三种文字以上，每增加一种文字加价 10%，最多不超过 40%，黑体字、国际音标各加价 10%。两种或三种文字对照排版均包括汉语拼音。

3. 外文激光照排按表 2—3 中的工价加价 15%计算。软片及送校样、复印样等规定与中文排版相同。

【例题 2—2】 有一本 16 开的产品说明书（中英文对照版），内文要求：采用 8 磅字录入，版心尺寸为 143 mm×213 mm，每面 26 行，共计 100 面。终校后出菲林（16 开），不拼大版，封面另计。这本书内文的制版费是多少元？

分析思路：

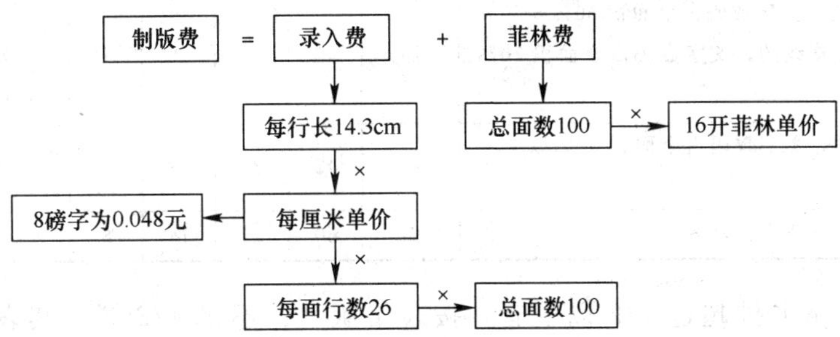

计算过程：

由表 2—3 可知，中英文对照排版时，采用 8 磅字录入的单价是每行每厘米 0.048 元

每面的录入费＝14.3×0.048×26≈17.85（元）

这本书的录入费＝17.85×100＝1 785（元）

菲林费＝100×10＝1 000（元）

这本书内文的制版费＝1 785＋1 000＝2 785（元）

技能训练：

一本 32 开的产品说明书（中英文对照版），内文要求：采用 12 磅字录入，版心尺寸为 96 mm×147 mm，每面 22 行，共计 120 面。终校后出菲林（32 开），不拼大版，封面另计。这本书内文的制版费是多少元？

计算过程：

由表 2—3 可知，中英文对照排版时，采用 12 磅字录入的单价：________

每面的录入费：________________

这本书的录入费：________________

菲林费：________________

这本书内文的制版费：________________

三、线条稿、表格稿排版

线条稿、表格稿排版价格见表 2—4。

表 2—4　　线条稿、表格稿排版价格　　元

分类	单位	整版部分（开）				非整版部分	
		8	16	32	64	50 cm^2	1/cm^2
一般简单表格	面	16	8	5	3	2	0.04

续表

分类	单位	整版部分（开）				非整版部分	
		8	16	32	64	50 cm²	1/cm²
竖线、横线俱排的，文字数码占全面积30%以下的表格；只排竖线或横线的，文字数码占全面积70%以下的表格	面	28	14	7	5	3	0.06
竖线、横线俱排的，文字数码占全面积30%～50%的表格；只排竖线或横线的，文字数码占全面积70%以上的表格	面	40	20	10	7	3.5	0.07
竖线、横线俱排的，文字数码占全面积50%以上的表格	面	45	23	13	7	4	0.08
六号字表格、带复杂公式的表格	面	50	25	14	8	5	0.10

1. 正文和表格夹排超过1/2以上者，按表格版计；不足1/2者，其表格部分按版面（cm^2）加算，以50 cm^2 起算。

2. 表格用外文排版加价20%，用繁体字排版加价10%。

3. 表格内有两条以上斜线加价10%，复杂组织表或元素表加价100%。

【例题2—3】 有一本16开杂志正文共96面，有16面简单表格，还有12面文字占全面积55%的横线、竖线俱排的表格，其余均为全面积自然科学类文字稿，每面字数约1 000字，终校后出菲林（16开），不拼大版，封面另计。求这本杂志的制版费。

分析思路：

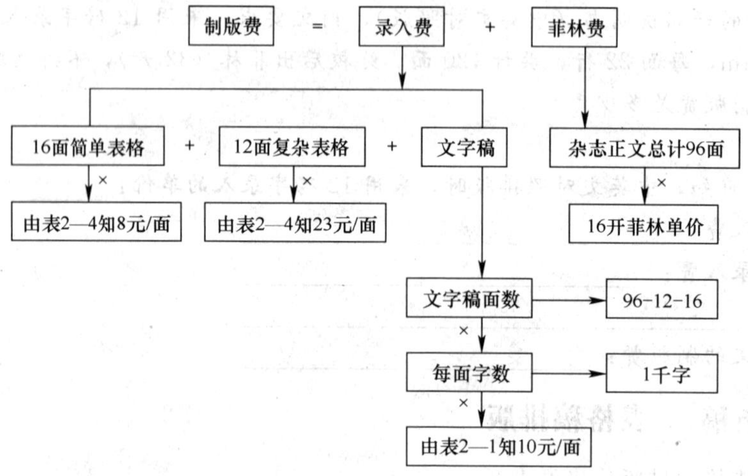

计算过程：

16面简单表格录入费为16×8＝128（元）

12面文字占全面积55%的横线、竖线俱排的表格录入费为12×23＝276（元）

余下部分录入费为（96－16－12）×10＝680（元）

即：录入费总计＝128＋276＋680＝1 084（元）

菲林费＝96×10 元＝960（元）

所以这本杂志的制版费＝1 084＋960＝2 044（元）

第二节　网线稿、彩色连续调原稿排版计价

网线稿、彩色连续调原稿排版计价方法与单色文字稿、线条稿、表格稿基本相同，即菲林费＋设计、制作费＝制版费。但网线稿、彩色连续调原稿以每个图为计算单位，图的面积以开本尺寸（cm）为标准。

一、桌面制版（不含软片费及打样）

桌面制版的设计、制作价格见表 2—5。

表 2—5　桌面制版的设计、制作价格　　元

分类	计算单位	全开图	对开图	3 开图	4 开图	8 开图	16 开图	20 开图	40 开图
单色阳图网目版	每块	85	60	50	40	30	15	13	8
四色分色版	每套	800	600	450	350	280	140	120	100

表 2—5 是按每个图片的大小及制作难度排列的价格表。在计价实践中，出版社或委印单位与印刷厂之间一般多以面为单位计价。以每面单价与产品总面数的乘积作为该产品的制版总价。制版总价由两部分组成，即制作费用和胶片（菲林）费用。如果是 CTP 直接制版，则只收取制作费用。制版总价减去胶片费用即为制作费用，胶片费用的计算见本节。目前，有些企业也有自己的制作费用价格表，与表 2—5 相似。

1. 桌面制版以每个图为计算单位，图的面积以表 2—5 中的开本尺寸（cm）为标准，如果图的长度或宽度超过表 2—5 中的开本尺寸，按超过后的开本尺寸计。制版小于“40 开图”的按“40 开图”计。

2. 扫描时，根据扫描网点线数的多少报价，300 线，0.70 元/兆。

3. 图片说明文字每千字 6.00 元、打样 4.00 元、拼版费 5.00 元，不足 1 千字按 1 千字计算。

4. 相同的图一次分色，按拼好后的开本计价，多图版按拼好后的开本每加一图加收 10%。

5. 分色版以四色版为标准，三色按 75%计，双色按 50%计。

6. 经典著作、重点产品及原稿过于复杂、特别费工的产品（如重点年画、年画缩样等）加价 30%。

二、输出胶片及打样

现在有很多广告公司和客户为了节省资金，忽略了打样的环节，这无形中增加了印前制版工作者的压力，也增加了风险。相对出错后的损失，打样的费用还是微乎其微的。由于地区不同，打样费用也不同，应按本地区的打样费用来计算。

输出胶片及打样价格见表 2—6。

表 2—6　　输出胶片及打样价格　　元

分 类	计算单位	全开图	对开图	3 开图	4 开图	8 开图	16 开图	20 开图	40 开图
输出	每套	440	220	180	110	60	30	20	15
打样	每套	800	160	160	80	60	60	60	60

1. 每套胶片及打样价格以四色版为标准，三色按 75%计，双色按 50%计。多一色加 25%。

2. 不规则开数按比它大的规则开数计。

3. 喷墨打样（彩喷）一个面（16 开）为 15～20 元。

4. 彩色稿一般都需要连版，连版开数的大小根据客户的要求或印刷机的幅面确定。例如，80 面、16 开的彩色样本，由于一张对开版有 8 个 16 开，80÷8=10，即能连成 10 套对开版。

【例题 2—4】 现设计、制作一本某市彩色版市志，共计 352 面，采用正 16 开本，封皮前后各 4 色，全部版面都比较简单，要求打两套对开样即可，连成 4 开输出胶片，求这本市志的制版费需要多少元？

分析思路：

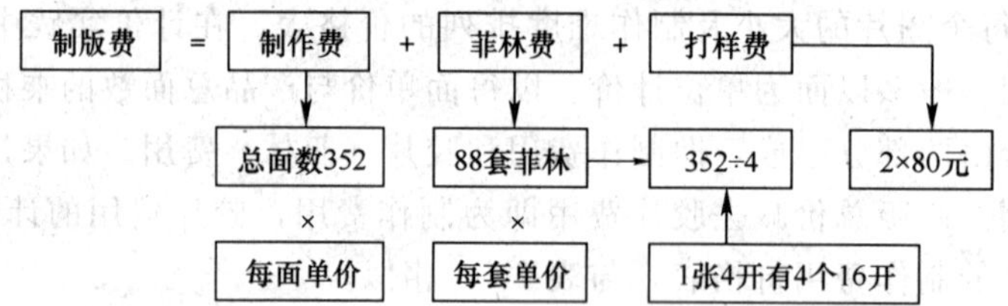

计算过程：

设计、制作费＝352×140＝49 280（元）

1 张 4 开有 4 个 16 开，352÷4＝88

菲林费＝88×110＝9 680（元）

打样费＝2×80＝160（元）

制版费＝49 280＋9 680＋160＝59 120（元）

印刷品规格相加不超出印刷机印刷规格称为拼版上机规格。

8 开上机尺寸正度为 27 cm×39 cm，大度为 44 cm×29.5 cm；4 开上机尺寸正度为 54 cm×39 cm，大度为 44 cm×59 cm；对开上机尺寸正度为 78 cm×54 cm，大度为 88 cm×59 cm。

拼版时一定按这些尺寸拼版上机，尤其是不规则尺寸一定首先想到这一点。

思考练习题

1. 有一本 32 开社会科学类书稿，共 256 面（内封、版权页各一面），每面字数为29×30 字，终校后出菲林（16 开），不拼大版，封面另计。求这本书的制版费。

2. 某设计室接到一本自然科学类中文书稿，共计 538.24 千字，要求：六号宋体，正文版面字数按 29×29 字计算，正文 10.5 印张。正 16 开本（内封、版权页、编委名单、前言各一面），终校后出菲林（16 开），不拼大版，封面另计。如每面照排价格为 8 元，求这本书的制版费。

3. 某制版公司接到一本词典，字数为 950 千字，正 16 开本，每面字数约 1 089 字，自带电子文件（已经排好版），输出菲林（16 开），不拼大版，封面另计。求：

（1）这本书要收客户多少菲林费？

（2）如菲林改用硫酸纸，需多少费用？

4. 一本 16 开的产品说明书（英文版），内文要求：采用 8 磅字，版心尺寸为 180 mm×200 mm，每面 25 行，共计 16.5 印张（内封、版权页各一面），终校后出菲林（16 开），不拼大版，封面另计。求：

（1）这本书共计多少页码（面）？

（2）这本书需收制版费多少元？

5. 有一本 16 开彩色样本，封皮前后各 4 色，共计 108 面，其中单色文字稿 18 面（采用 5 号字，32×34 字的版式），其余部分是四色彩色版面，求这本样本共需多少制版费？

6. 某雪糕厂要印刷 5 万份雪糕宣传单（单面 4 色），要求尺寸为 760 mm×520 mm，打一套印刷样，求制版费是多少？

7. 某公司有一本大 16 开期刊，封皮用 157 g 铜版纸，8 色印刷，覆亚光膜，内文 96 面（出硫酸纸），单黑印刷，用 70 g 双胶纸，共计 4 200 册，采用骑马订，求内文和封皮各需制版费多少元？

8. 某公司要做一本 24 开的样本，准备印刷 1 000 册，总计 100 面，封皮双面 4 色，用 200 g 铜版纸，封面覆膜且烫金，内文用 128 g 铜版纸，胶订。求这本样本共需多少制版费？

第三章　用纸量及纸款的计算

纸张是最常用的印刷材料，它用量大、品种多、性能各异，是决定印刷质量的主要因素，也是印刷规范化、数据化的重要依据；同时，它又是常规印刷品单价的重要成本之一。作为一名印刷业务人员，对纸张的规格、性能（如白度、光泽度、丝绺方向、抗张强度等）、当前市场价及纸张品种与各种印刷品的印刷是否匹配等相关常识都应该了如指掌。这样才能对各种印刷品的用纸量以及纸款进行详细而准确的计算。

第一节　纸张选择及用纸量计算

一份印刷品定稿之后，上机大量复制印刷之前，首先要根据客户及工艺要求确定纸张种类及规格，然后再计算该批印刷品的用纸量。

一、纸张规格及种类

纸张规格及种类的选择是相对于特定印件的工艺要求而言的，特别是纸张规格的选择，选择正确时不会浪费纸张，对于非国标的印刷品反而会节约纸张、降低成本，反之亦然。这也是一名印刷业务人员应掌握的基本常识。

1. 常见纸张规格

（1）正度纸，长 109.2 cm，宽 78.7 cm。

（2）大度纸，长 119.4 cm，宽 88.9 cm。

（3）不干胶，长 765 cm，宽 535 cm。

（4）无碳纸，有正度和大度两种规格，且有上纸、中纸、下纸之分，纸价不同。

2. 常见纸张种类

（1）拷贝纸，17 g 正度规格，用于增值税票、礼品内包装，一般为纯白色。

（2）打字纸，28 g 正度规格，用于联单、表格，有白色、红色、黄色、蓝色、绿色、淡绿色、紫色七种颜色。

（3）有光纸，35～40 g 正度规格，一面有光，用于联单、表格、便笺，为低档印刷纸张。

（4）书写纸，50～100 g 大度、正度均有，用于低档印刷品，以国产纸最多。

（5）双胶纸，60～180 g 大度、正度均有，用于中档印刷品，国产、合资及进口皆常见。

（6）新闻纸，55～60 g 滚筒纸，正度纸，报纸多选用。

（7）无碳纸，40～150 g 大度、正度均有，有直接复写功能，分上纸、中纸和下纸，纸价不同，不能调换或翻用，有七种颜色，常用于联单、表格的印刷。

（8）铜版纸，双铜 80～400 g 正度、大度均有，用于高档印刷品，单铜用于纸盒、纸箱、手提袋等中、高档印刷品。

(9) 亚粉纸，105～400 g，用于高档彩印。
(10) 灰底白板纸，200 g 以上，上白底灰，用于包装。
(11) 白卡纸，200 g，双面白，用于中档包装。
(12) 牛皮纸，60～200 g，用于包装、纸箱、文件袋、档案袋、信封等的印刷。
(13) 特种纸，一般为进口纸，主要用于封面、装饰品、工艺品、精品等的印刷。

二、纸张换算

掌握纸张换算知识对于一名印刷业务人员是十分必要的，因为有时在计价过程中只知道每吨纸张的价格而不知道每张纸的价格，通过纸张重量与令数的换算关系可以计算出每张纸或每令纸的价格。知道了纸张的单价，用纸量的计算就非常容易，同时计算结果也更加准确。

不同纸张重量与令数的换算关系见表 3—1、表 3—2、表 3—3 和表 3—4。

表 3—1　　纸张重量与令数的换算关系（787 mm×1 092 mm）

定量（g/m²）	令重（kg）	每吨令数	定量（g/m²）	令重（kg）	每吨令数
20	8.6	116.36	120	51.6	19.393
30	12.9	77.574	128	55	18.181
40	17.2	58.180	130	55.9	17.902
45	19.3	51.714	140	60.2	16.623
50	21.5	46.544	150	64.5	15.515
51	21.9	45.631	157	67.5	14.823
52	22.3	44.753	160	68.8	14.545
55	23.6	42.312	180	77.3	12.929
60	25.8	38.787	200	85.9	11.636
70	30.1	33.246	210	90.2	11.082
80	34.3	29.09	220	94.5	10.578
85	36.5	27.379	230	98.8	10.118
90	38.7	25.858	250	107.4	9.305
95	40.8	24.497	261	112.2	8.912
100	43	23.272	280	120.3	8.311
105	45.1	22.164	290	124.6	8.025
110	47.3	21.156	300	128.9	7.757

表 3—2　纸张重量与令数的换算关系（850 mm×1 168 mm）

定量（g/m²）	令重（kg）	每吨令数	定量（g/m²）	令重（kg）	每吨令数
40	19.9	50.352	100	49.6	20.161
45	22.3	44.768	110	54.6	18.314
51	25.3	39.5	120	59.6	16.779
52	25.8	38.745	128	63.5	15.748
60	29.8	33.575	150	74.5	13.423
65	32.3	30.960	157	77.9	12.827
70	34.8	28.777	200	99.3	10.070
80	39.7	25.183	250	124.1	8.085
90	44.7	22.371	300	148.9	6.716

表 3—3　纸张重量与令数的换算关系（880 mm×1 230 mm）

定量（g/m²）	令重（kg）	每吨令数	定量（g/m²）	令重（kg）	每吨令数
40	21.6	46.296	105	56.8	17.598
45	24.4	40.984	120	64.9	15.408
51	27.6	36.232	128	69.3	14.430
52	28.1	35.587	150	81	12.315
60	32.5	30.769	157	85	11.763
65	35.2	28.409	180	97.4	10.267
70	37.9	26.385	200	108.2	9.242
80	43.3	23.095	250	135.3	7.391
90	48.7	20.543	300	138.5	7.220
100	54.1	18.484			

表 3—4　纸张重量与令数的换算关系（889 mm×1 194 mm）

定量（g/m²）	令重（kg）	每吨令数	定量（g/m²）	令重（kg）	每吨令数
40	21.2	47.109	105	55.7	17.944
45	23.9	41.876	120	59.7	15.701
51	27.1	36.941	128	67.9	14.721
52	27.6	36.232	150	79.6	12.561
60	31.8	31.407	157	83.3	12.002
65	34.5	28.986	180	95.5	10.468
70	37.2	26.918	200	106.2	9.421
80	42.5	23.552	250	132.7	7.537
90	47.8	20.938	300	159.2	6.281
100	53.1	18.843			

三、用纸量计算

印刷品所需用纸量等于实际用纸量和加放量之和。

1. 加放量的计算

加放量又称伸放数、损耗或废量，是指除了印刷、装订需要的成品数量以外再加的数量，主要用于印刷、装订过程中的损耗，从而确保印刷成品的数量，如对规矩（校版）、套色、印后加工等所需的废量。加放量可以用绝对量（如张、令、方、米等）表示，也可以用相对数（千分比）表示，称为加放率。加放率是指每个印刷色次的加放比例。如一个颜色两面印，加放率就要加倍；四个颜色一面印，加放率就要乘以 4；四个颜色两面印，加放率就要乘以 8。

纸张材料的加放量是否合理，直接影响到出版、印刷双方在价格方面的利益，双方必须就此达成共识。印刷、装订的参考加放率见表 3—5。

表 3—5　印刷、装订的参考加放率

印数（万）	胶印书刊加放率（‰）		彩色印刷加放率（‰）			
	印刷（每色）	装订	印刷（每色）	装订		
				期刊封图	图书封衬	其他
0.5 以下	9	15	9	9	14	9
0.5～1	9	14	9	8.5	14	8.5
1～3	9	13	9	8	13	8
3～5	9	12	9	7.5	13	8
5 以上	9	11	9	7.5	13	7.5

注：印刷加放每色不足 50 张，按 50 张计；装订数不足 2 000 按 2 000 计。

（1）整印张的加放

为直观地说明这一问题，仅提出以下简便计算方法供参考。

1）将某产品的客户订货数字定义为册数。

2）将该产品经印刷机印出的数量（印刷机的转数）定义为印数。印数等于或小于 3 000 时，每色加放数即为 50 张；印数大于 3 000 时，可直接用印数与加放率相乘，乘积即为加放率。

3）单联印刷时，册数即为印数，如果是多联印刷，只需用册数除以联数，再看得数是等于、小于还是大于 3 000，然后按结论确定计算方法。

4）在实际运算中，50 张的计量单位“张”不是指一张未分切的原来大小的纸张，而是指印刷机印刷时实际使用的纸张，如 6 开、4 开、3 开、2 开、全开等。

举例试运算如下：

一个封面，8 开，4 色，印数 5 万，对开机（4 联）印，则加放：5 万/4＝1.25 万，大于 3 000，按正常加放 12 500×4（色）×9‰（加放率）＝450 方。

（2）零印张的加放

这里需要明确两个概念，即出版印张与装版印张。

所谓出版印张，就是图书版权页上的印张数，如 1.125、1.25、1.375、1.5、10.75、10.875 等。出版印张中凡是小于 1 的部分统称为零印张。

装版印张也叫上版印张，是指印刷机装了几次版。装版零印张数只能是整数且大于出版零印张数。如 0.125、0.25、0.5 的零印张分别是一个装版印张；而 0.375(0.125＋0.25)、0.625(0.125＋0.5)、0.75（0.5＋0.25）须各分为两次装版，故分别是两个装版印张；0.875(0.125＋0.25＋0.5）须分为三次装版，故是三个装版印张。

这两个概念的区别与计算印刷加放数直接相关，出版社或委印单位在计算加放量时，有的只把零印张按常规计算，这是不符合生产实际状况的。

假设一本书的零印张为 0.875，印数为 8 000，单色两面平印。计算加放量时就要把 0.875 分为 0.5、0.25、0.125 三个装版印张分别计算，每色的加放率为 9‰。则有：

0.5 印张的加放数＝8 000×0.5（印张）×2（色）×9‰＝72 方。

0.25 和 0.125 印张两次装版印刷，其实际印数均低于 3 000，即每色加放 50 张。则有：

0.25 和 0.125 印张的加放数＝50×2（色）×2（次装版印刷）＝200 张，如果使用对开机印刷，即为 200 方。该产品零印张的加放数＝72＋200＝272 方。

可以得出正确结论：即零印张的印数超过 3 000 时，加放量按常规计算；不足 3 000 时，加放量则必须按 50 张计算。

（3）胶（彩）印加放率在实践中的调整

胶（彩）印加放率的规定只有一个档次，即每色 0.9%。为节约资源，降低总价格，建议进行两方面的调整和细化：一是长版产品适当降低加放率；二是短版产品一定要执行最低加放量 50 张的规定。特殊产品（如实地、平网、特种纸等）还应加大加放率。

2. 实际用纸量的计算

印刷品的开本和成品尺寸的对应关系见表 3—6。日常生活中常见的印刷品为书刊、杂志、包装盒、单页（如宣传单）等。包装盒用纸量的计算可参照单页印刷品用纸量的计算，计算时把包装盒展开即可量出它的成品尺寸。

表 3—6　　标准书刊、杂志开本及其成品尺寸对照表　　mm

未裁切单张纸尺寸	开本	开本净切尺寸
787×1 092/889×1 194	2 开（正）	520×760/570×860
787×1 092/889×1 194	4 开（正）	370×520/420×570
787×1 092/889×1 194	6 开（正）	380×356/390×425
787×1 092/889×1 194	8 开（正）	267×381/285×420
787×1 092/889×1 194	16 开（正）	185×260/210×285
787×1 092/889×1 194	24 开（正）	170×182/184×210
787×1 092/889×1 194	32 开（正）	130×184/140×210

续表

未裁切单张纸尺寸	开本	开本净切尺寸
787×1 092/889×1 194	40 开（正）	127×149/142×170
787×1 092/889×1 194	48 开（正）	92×176/110×192
787×1 092/889×1 194	64 开（正）	92×126/101×137
850×1 168/880×1 230	16 开（正）	203×280/210×297
850×1 168/880×1 230	32 开（正）	140×203/148×210

（1）平板纸的实际用纸量

1）单页印刷品用纸的计量单位和计算。单页印刷品用纸量的计算公式为：纸张实用数量（令）=[成品数量（客户订货数字）/成品开数]×(1+纸张加放率)/500

【例题 3—1】　某产品宣传单，大 16 开，成品数量为 20 000 张，105 g 铜版纸双面四色印刷，印刷加放率为每色 9‰，用对开机印刷，试计算总用纸量。

分析思路：

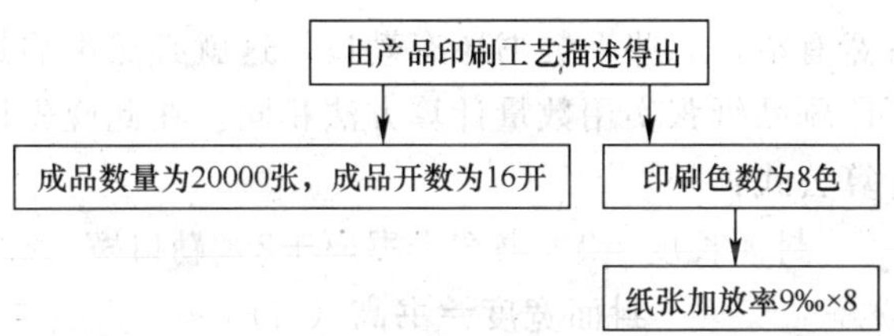

计算过程：

由公式可得：纸张实用数量(令)=[成品数量(客户订货数字)/成品开数]×(1+纸张加放率)/500=[(20 000/16)×(1+9‰×8)]/500=2.68（令）

2）书刊印刷品用纸的计量单位和计算。正文印张数的计算公式为：

印张数=正文面数/该书的开本数（暗码也要计入面数中）

图书开本是指一本书幅面的大小，以整张纸裁开的张数为标准。把一整张纸切成幅面相等的 16 小页，叫做 16 开，切成幅面相等的 32 小页叫做 32 开，以此类推。由于整张原纸的规格不同，切成的小页大小也不同。787 mm×1 092 mm 的纸张切成 16 小张叫做小 16 开，850 mm×1 168 mm 的纸张切成 16 小张叫做大 16 开。

正文用纸量的计算公式为：

纸张实用数量(令)=册数(客户订货数字)×印张数×(1+纸张加放率)/1 000

【例题 3—2】　某册书，大 16 开，文字 640 面，为书写纸双面单色印刷；彩插 48 面，为 105 g 铜版纸双面四色印刷，印数为 5 000 册，印刷加放率为每色 9‰，装订加放率为 14‰。试计算总用纸量。

分析思路：

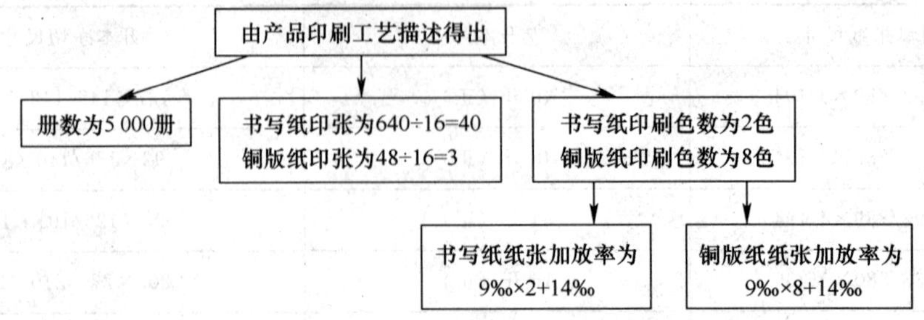

计算过程：

由公式可得：纸张实用数量(令)＝册数(客户订货数字)×印张数×(1＋纸张加放率)/1 000

书写纸实用量＝5 000×(640/16)×(1＋9‰×2＋14‰)/1 000＝206.4(令)，合 206 令 400 方。

铜版纸实用量＝5 000×(48/16)×(1＋9‰×8＋14‰)/1 000＝16.29(令)，合 16 令 290 方。

3）书刊封皮用纸量的计算。计算封面用纸与正文用纸不同。平装书封面必须与封底、书脊连在一起。书脊有宽有窄，有些平装书还有勒口，这就必然影响封面的用纸量。书刊封皮用纸量的计算与单页印刷品纸张实用数量计算方法相同。在此应先计算出封面尺寸。

平装书封面尺寸计算公式：

封面长度＝2×书宽＋书厚＋2×勒口宽

封面宽度＝书高（H）

书厚＝内文页码数÷2×纸张的厚度

【例题 3—3】 某书籍为 16 开本，成品尺寸为 210 mm×285 mm（H），内文 600 面，用 80 g 纸，纸张厚度为 0.10 mm，没有勒口，求封面尺寸。

分析思路：

由产品印刷工艺描述得出：书厚＝600÷2×0.10＝30（mm）

计算过程：

由平装书封面尺寸计算公式得出：

封面长度＝2×210＋30＝450（mm）

封面宽度＝285（mm）

【例题 3—4】 某书籍为 16 开本，成品尺寸为 185 mm×260 mm（H），内文 200 面，用 80 g 纸，勒口尺寸为 80 mm，纸张厚度为 0.10 mm，求封面尺寸。

分析思路：

由产品印刷工艺描述得出：书厚＝200÷2×0.10＝10（mm）

计算过程：

由平装书封面尺寸计算公式得出：

封面长度＝2×185＋10＋2×80＝540（mm）

封面宽度=260（mm）

（2）卷筒纸的计算

卷筒纸的计算数值有宽度、长度、总重量、定量、可切平板纸令数等项。知道宽度、定量和总重量的数值就可以推算出其他各项数值。

平板纸令数=卷筒纸总重量÷（平板纸面积×定量）

卷筒纸长度=卷筒纸总重量÷（卷筒纸宽度×定量）

定量=卷筒纸总重量÷（卷筒纸宽度×卷筒纸长度）

卷筒纸总重量=卷筒纸宽度×卷筒纸长度×定量

第二节　纸款计算及纸张优化

纸张成本是印刷品总价的重要组成部分，应正确认识纸款计算的重要性。同时，对于非标准尺寸的印刷品，如何更好地优化纸张的利用效率也是要研究的问题。

一、纸款的计算

在准确计算出印刷品的用纸量，并且知道所用纸张的品种、规格、价格后，根据公式（纸款=总用纸量×单价）就可以计算出纸款了。有时纸张供货商给出的是每吨价格，需要据此计算出每张纸的价格及每令纸的价格。

1. 单张纸的成本核算

（1）传统计算法

首先计算出这种纸每吨的张数，即用吨重量除以每张纸重量。

因为1 t=1 000 000 g，每张纸重量=纸张面积×所用纸张定量，所以，张数/吨=1 000 000÷（纸张面积×所用纸张定量），然后用每吨纸的价格除以每吨纸的张数，即得出：价格/张=价格/吨÷张数/吨。

例如，正度纸（787 mm×1 092 mm）100 g的铜版纸吨价是7 000元，求价格/张。

纸张面积=787×1 092=859 404（mm^2）≈0.86（m^2）

张数/吨=1 000 000÷（0.86×100）≈11 628（张）

即：价格/张=价格/吨÷张数/吨=7 000÷11 628≈0.60（元）

技能训练：

有一大度（889 mm×1 194 mm）157 g的铜版纸吨价是7 950元，求单张纸价格。

纸张面积：________________

张数/吨：________________

价格/张：________________

（2）快速计算法

方法一：把每种规格的纸计算出一个常数，这样在计算纸张单价时就不会像传统计算那样麻烦。

例如，纸张规格为787 mm×1 092 mm，用每吨的重量1 000 000 g除以787 mm×

1 092 mm，结果约为 1.163 597 1，小数点后保留三位约等于 1.164，于是把规格为 787 mm×1 092 mm 的纸的计算常数定为 1 164。

所以，在计算规格为 787 mm×1 092 mm 的纸的单价时，只要知道所用纸张定量就可以很快求出其每吨的张数。

即：张数/吨＝计算常数÷(所用纸张定量÷1 000)

价格/张＝价格/吨÷张数/吨

同理，用上面的方法可以推算出规格为 889 mm×1 194 mm 的纸的计算常数是 942；规格为 850 mm×1 168 mm 的纸的计算常数是 1 007；规格为 880 mm×1 230 mm 的纸的计算常数是 924。

例如，大度（889 mm×1 194 mm）128 g 的铜版纸吨价是 7 000 元，求价格/张。

张数/吨＝计算常数÷(所用纸张定量÷1 000)＝942÷(128÷1 000)≈7 359（张）

价格/张＝价格/吨÷张数/吨＝7 000÷7 359≈0.95（元）

技能训练：

有一大度（880 mm×1 230 mm）157 g 的铜版纸吨价是 7 950 元，则每张纸的价格为________元。

方法二：价格/张＝所用纸张的固定系数×(所用纸张定量/100)×(纸张的吨价/10 000)

1）大度纸（889 mm×1 194 mm）。

单张纸价＝1.06（大度纸的固定系数）×(所用纸张定量/100)×(纸张的吨价/10 000)

大度纸的固定系数＝889×1 194/1 000 000≈1.06

例如，大度 157 g 铜版纸，如果纸价是 7 500 元/吨，则：

单张纸价＝1.06×(157÷100)×(7 500÷10 000)＝1.06×1.57×0.75≈1.248（元）

2）正度纸。

单张纸价＝0.86(正度纸的固定系数)×(所用纸张定量/100)×(纸张的吨价/10 000)

正度纸的固定系数＝787×1 092/1 000 000≈0.86

例如，正度 157 g 铜版纸，如果纸价是 7 500 元/吨，则：

单张纸价＝0.86×(157÷100)×(7 500÷10 000)＝0.86×1.57×0.75≈1.01（元）

3）特殊规格纸张系数。规格为 880 mm×1 230 mm 的纸的固定系数为 1.08，规格为 850 mm×1 168 mm 的纸的固定系数为 1。

技能训练：

有一大度（850 mm×1 168 mm）157 g 的铜版纸吨价是 7 950 元，则每张纸的价格为________元。

2. 总纸款的计算

总纸款＝总用纸量×纸张单价

【例题 3—5】 有一广告公司要印两种宣传单，规格为 210 mm×285 mm，都用 128 g 铜版纸，经计算，一种需 288 张全开纸，另一种需 1 500 张全开纸。已知 128 g 铜版纸的价格是 6 700 元/吨，求分别需多少纸款？

分析思路：

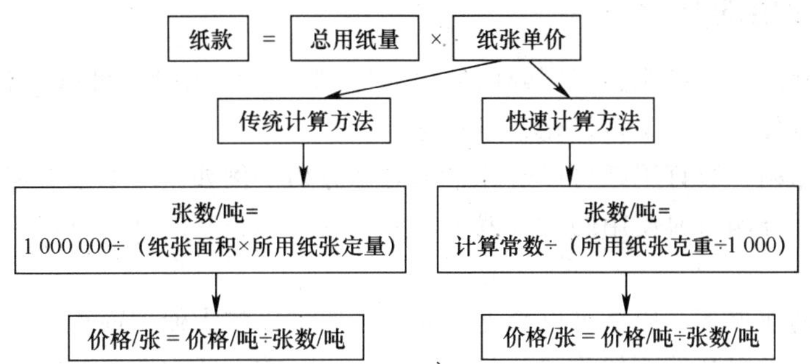

计算过程：

首先计算出每张纸的价格，可以分别用传统计算和快速计算两种方法进行比较。

规格为 210 mm×285 mm 的用纸规格为 889 mm×1 194 mm。

（1）传统计算方法

张数/吨＝1 000 000÷(纸张面积×所用纸张克重)
≈1 000 000÷(1.06×128)
＝1 000 000÷135.68
≈7 370（张）

已知 128 g 铜版纸的价格是 6 700 元/吨，所以：

价格/张＝价格/吨÷张数/吨
＝6 700÷7 370
≈0.909（元/张）

价格/令＝0.909×500＝454.5（元/令）

288 张全开纸的价格是 288×0.909≈261.79（元）

1 500 张全开纸的价格是 454.5 元/令×(1 500÷500)＝1 363.5（元）

（2）快速计算方法

张数/吨＝计算常数÷(所用纸张克重÷1 000)

规格为 889 mm×1 194 mm 的纸的计算常数是 942，所以：

张数/吨＝942÷(128÷1 000)≈7 359（张）

价格/张＝价格/吨÷张数/吨
＝6 700÷7 359
≈0.91（元/张）

价格/令＝0.91×500＝455（元/令）

288 张全开纸的价格是 288×0.91＝262.08（元）

1 500 张全开纸的价格是 455 元/令×(1 500÷500)—1 365（元）

通过以上两种方法的计算可以看出，最终计算结果基本相同，用传统计算方法和快速计算方法计算出的结果相比较有 11 张纸（7 370－7 359）的误差，这样计算出的每张纸价误差对印刷整体影响不大，可以忽略。

二、纸张使用的优化

一定周向尺寸的卷筒纸张在不同幅面的轮转印刷机上使用时，可以提高纸张的利用率，降低价格，还可以使产品开本多样化、丰富化。

两种规格的印刷、装订用纸可以搭开、不对称分切。例如，一本书有部分版面在切口方向出血，印刷这部分印张时使用的纸张就可切大一些，小一些的纸张可用于印刷没有出血版的部分印张。

在条件允许的前提下，原纸可以少光边或不光边，以扩大使用面积。

此外，对于不规则开数（俗称“偏裁”）的优化，在实践中要仔细计算和分析，以便更好地降低成本。

【例题 3—6】 某印刷品的成品尺寸是 230 mm×200 mm，选用哪种规格的纸进行裁切才能使成本最低？

(1) 用规格为 889 mm×1 194 mm 的大度纸可以这样开纸（见图 3—1 和图 3—2）。

1 194÷230=5 刀（20 开），889÷200=4 刀（20 开）；

1 194÷200=5 刀（15 开），889÷230=3 刀（15 开）。

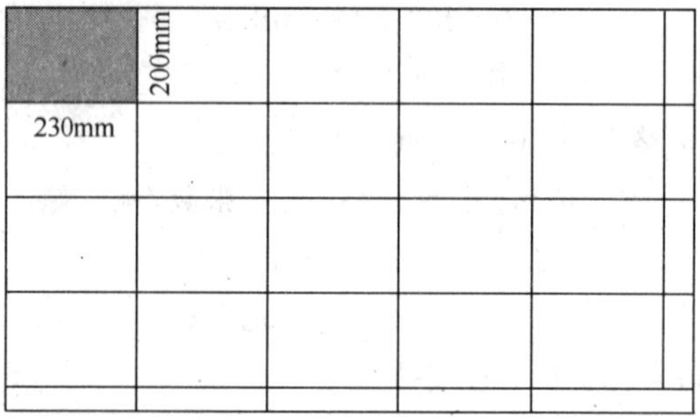

200mm
230mm

图 3—1　20 开

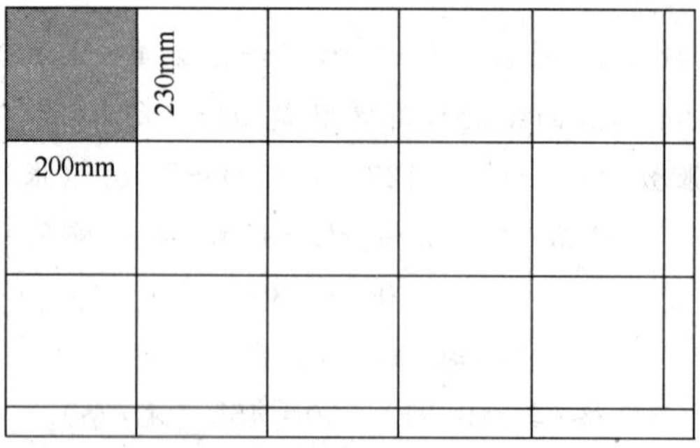

230mm
200mm

图 3—2　15 开

(2) 用规格为 787 mm×1 092 mm 的正度纸可以这样开纸（见图 3—3 和图 3—4）。

1 092÷230=4 刀（12 开），787÷200=3 刀（12 开）；

1 092÷200=5 刀（15 开），787÷230=3 刀（15 开）。

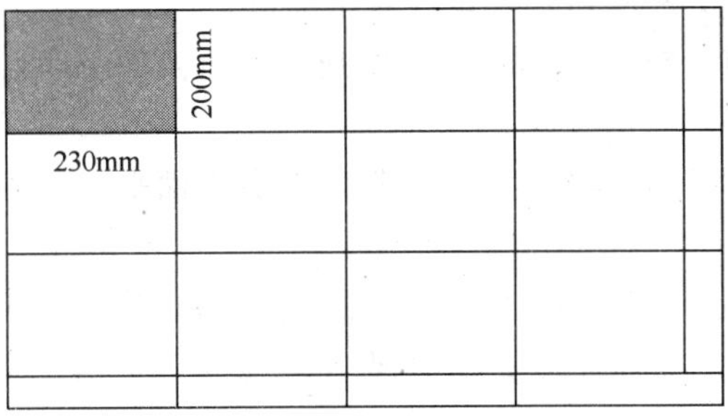

200mm
230mm

图 3—3　12 开

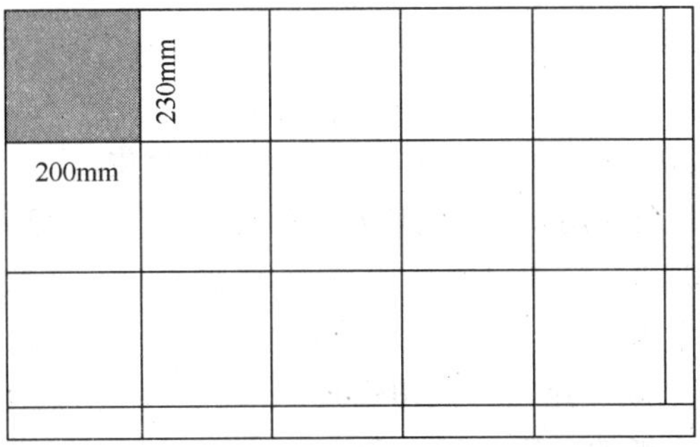

230mm
200mm

图 3—4　15 开

即：大度纸可以裁成 20 开或 15 开，正度纸可以裁成 12 开或 15 开。

(3) 单价比较，如用 7 150 元/吨的 80 g 双胶纸，通过计算得出：正度纸价格为 0.49 元/张，大度纸 889 mm×1 194 mm 价格为 0.61 元/张。

大度纸：20 开 0.61÷20≈0.031（元），15 开 0.61÷15≈0.041（元）；

正度纸：12 开 0.49÷12≈0.041（元），15 开 0.49÷15≈0.033（元）。

因此，通过比较上述计算结果可知，应选用大度纸且开成 20 开作为印刷纸张。

思考练习题

1. 某册书为大 32 开，文字 640 面，胶版纸；彩插 96 面，105 g 铜版纸，双面四色印刷。印数为 3 000 册，印刷加放率为每色 9‰，装订加放率为 14‰。试计算总用纸量。

2. 某杂志社要印一本期刊，大 16 开，内文共 96 面，用 70 g 双胶纸，单黑色印刷；封皮用 128 g 铜版纸，双面四色印刷。印刷加放率为每色 9‰，印数不足 3 000 册按每色 50 张加放；装订加放率为 14‰。试计算印 1 500 册和 6 500 册时各自的总用纸量。

3. 某公司要做一本 24 开的样本，准备印刷 10 000 册。样本总计 100 面，封皮双面四色，用 200 g 铜版纸，内文用 128g 铜版纸，胶订。印刷加放率为每色 9‰，装订加放率为 14‰。试计算总用纸量。

4. 某大 16 开书的彩色（双色双面印刷）封面样张的展开面积为 195 mm×540 mm，经过综合考虑，确定使用 787 mm×1 092 mm 的纸张按对开出 4 份印刷，印数为 9 830 册，加放率为每色 9‰，装订加放率为 11‰，试计算用纸量。

5. 一本书的印张为 10.625，印数为 6 000 册，双色两面平印，每色的加放率为 9‰。这本书的加放量是多少令？

6. 一本书的印张为 8.75，印数为 5 000 册，四色两面平印，每色的加放率为 9‰。这本书的加放量是多少令？

7. 某超市要印规格为 185 mm×260 mm 的宣传单，共计 5 万份，印刷加放率为每色 9‰，则用纸量为多少令？如用 128 g 铜版纸（每吨 6 700 元）采用对开机印刷，试计算纸款。

8. 出版社要出版一本字典，开本为大 64 开，1 184 面，共计 10 万册，用 52 g 凸版纸印刷，每吨 5 200 元。印刷加放率为每色 9‰，装订加放率为 14‰，用对开机印刷。试计算：

（1）需纸多少令（加放量为 10‰）？

（2）需多少纸款？

9. 某学校要印一本校历，大 16 开，共 80 页（包括封皮），其中第 17～24 页、第 37～44 页用 70 g 双胶纸，其余全部用 128 g 铜版纸，其中 70 g 双胶纸每吨 5 550 元，128 g 铜版纸每吨 6 700 元，印数不足 3 000 册的每块版按 50 张加废量，印数超过 3 000 册的印刷加放率为每色 9‰，装订加放率为 14‰，试求：

（1）印 100 册需多少纸款（用四开机印刷）？

（2）印 3 500 册需多少纸款（用对开机印刷）？

10. 某企业要印两种产品说明书，规格都为 185 mm×260 mm，都用 128 g 铜版纸，经计算一种需 550 张全开纸，另一种需 2 500 张全开纸。已知 128 g 铜版纸的价格是每吨 6 850 元，则分别需多少纸款？

11. 铜版纸的价格为每吨 7 000 元，试分别计算 128 g、157 g、180 g、210 g 的正度纸和大度纸（889 mm×1 194 mm）每张的价格是多少？

第四章　印刷过程的计算

印刷是指将印版上的图文信息转移到承印物上的工艺过程。在传统印刷中，该工序是指从制备好的胶片（晒制 PS 版）或组好版的电子文件（制 CTP 版）开始，直到输出载有图文信息的印页为止，即印刷半成品。

印刷过程是形成印刷品非常重要的一个环节，也是印刷企业收益较高的一部分。印刷企业接单的印数有行业规定，即规定一个起印数（又叫起码数），起印数的印刷费叫开机费（含 PS 版费），开机费的定价主要考虑印刷品的着墨量、交货时间、纸张厚度等因素。一般情况下，起印数定在 3 000 册（有些地区定在 2 000 册、4 000 册或 5 000 册）。印刷企业之所以规定一个起印数，是因为如按实际印数（低于起印数）收取加工费，将会入不敷出。例如，某客户要印刷 200 份对开单面四色的招贴画，按实际印数收取的加工费为 224 元，而按起印数 3 000 收取的加工费为 560 元。

第一节　单色印刷计算

单色印刷是指用一个颜色进行印刷，如一般书刊、学生教材、表格、文字说明书、简单票据等的印刷。

一、胶印书刊部分

目前市场上的书刊、教材基本上是用胶印印刷的，计价方法也以胶印为主。在学习印刷的计价方法之前，要掌握计价中所涉及的名词和公式。

1. 印张计算

印张是计算出版物篇幅的单位，也是计算定价的依据。1 个印张等于半张（一张对开）平板原纸（规格不限），也就是 1 张全开纸等于两个印张。

例如，16 开本 1 个印张为 8 页（16 面），32 开本 1 个印张为 16 页（32 面），64 开本 1 个印张为 32 页（64 面），其他开本以此类推。

一种图书排版时尽可能凑成整印张，不足 1 印张的应设法凑成半个印张，如 32 开本全书排成 88 页（1 页＝2 面，即 176 面），为 5.5 印张（88×2÷32）。凑成整印张或半印张的主要目的是便于印刷，缩短印刷周期，降低印刷成本。尤其是胶印书刊，如出现零页，印刷会十分不便。

印张的计算公式为：

$$面数\div开数=印张$$

$$页数\div(开数\div2)=印张。$$

注意：面数包括全书中所有的空白面，2 面等于 1 页。

【例题 4—1】　1 本 32 开本的图书，全书 176 页（即 352 面），求该书的印张数。

分析思路：

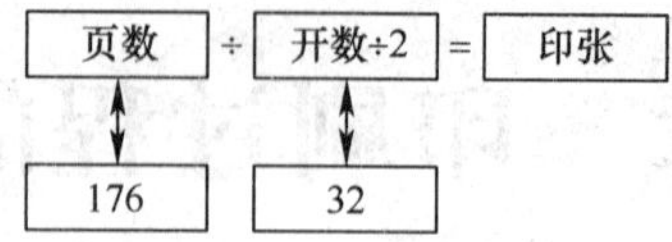

计算过程：

印张＝176÷(32÷2)＝11

或印张＝352÷32＝11

技能训练：

1 本 64 开图书，共 672 面，则印张为________

1 本 16 开图书，共 320 页，则印张为________

1 本 40 开图书，共 160 面，则印张为________

2. 装（上）版（CTP 版或 PS 版）数量计算

整印张的装版数＝印张数×色数（印张前后两面的总色数）

1.125、2.25、3.375、4.5、6.75、8.875 等印张中，凡是小于 1 的部分统称为零印张，印刷时拼成自翻版。

其中，0.5、0.125、0.25 等零印张的装版数分别是 1 块（套）印版；而 0.375、0.625、0.75 需各分为 0.125＋0.25、0.125＋0.5、0.5＋0.25，故分别是 2 块（套）印版；0.875 需分为 0.125＋0.25＋0.5，故是 3 块（套）印版。

【例题 4—2】 1 本 32 开本的图书，共计 8.875 个印张，双面双色印刷，求装版数量。

分析思路：

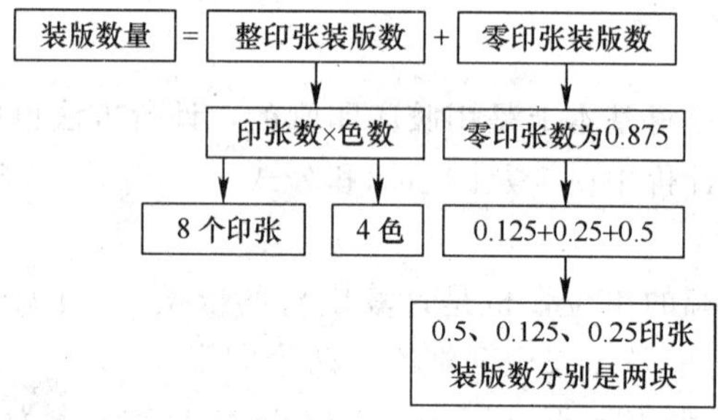

计算过程：

整印张的装版数＝8×4（双面双色共计 4 色）＝32（块）

零印张的装版数：0.875 个印张需分为 0.125＋0.25＋0.5，故是 6 块印版。

总装版数＝32＋6＝38（块）

技能训练：

1 本 32 开本的书，全书共计 18.5 个印张，内文全部用黑色印刷，需要装版数为________张；如果内文的每面都采用四色印刷，则需装版数为________张。

3. 色令计算

色令又称“对开色令”或“对开千印”，是平版彩色印刷的基本计量单位，通常以 500 全张（或 1 000 对开纸、2 000 张四开纸）一次印一色为一色令。

色令数的计算公式为：

色令数＝总转数÷1 000

总转数＝印刷册数（印数）×色数×印张

注意：单色印刷和彩色印刷应分别计算（色令单价不同）。

【例题 4—3】　1 本 16 开本的图书，共计 8.5 个印张，内文全部用黑色印刷，印数为 2 500 册，求内文印刷的色令数。如果内文的每面都有彩色图片，求内文印刷的色令数。

(1) 分析思路：

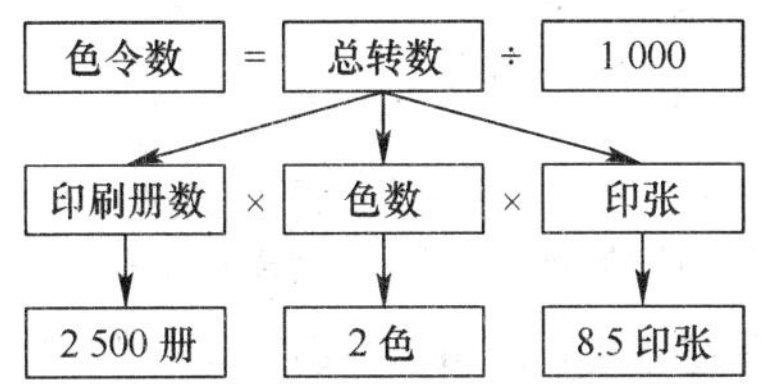

计算过程：

先求出一个印张的总印数：因为内文全部用黑色印刷，印刷 2 500 册，所以一个印张的总转数等于 5 000 转（2 500×2 色）。则：

全书总转数＝印刷册数×色数×印张
＝2 500×2×8.5
＝42 500（转）

色令数＝全书总转数÷1 000＝42 500÷1 000＝42.5（色令）

(2) 分析思路：参照第一问。

计算过程：

因为内文的每面都有彩色图片，所以一个印张前后面共计 8 个颜色。

则　全书总转数＝印刷册数×色数×印张
＝2 500×8×8.5
＝170 000（转）

色令数＝全书总转数÷1 000＝170 000÷1 000＝170（色令）

技能训练：

1 本 32 开本的图书，全书共计 18.5 个印张，内文全部用黑色印刷，印数为 3 000 册，则全书内文总转数为__________转，色令数为__________；如果内文的每面都采用四色印刷，则全书内文总转数为________转，色令数为__________。

4. 单色印刷色令单价（见表 4—1，仅供参考）

表 4—1　　单色印刷色令单价

分类	计算单位	卷筒纸印刷	平板纸印刷	说明
单色文字版	对开千印	10 元	13.5 元	包括格纸及表格
线条网文版	对开千印	11 元	14 元	
晒版及上版基价	每色次	80 元		每半印张或一张印刷版

说明：

（1）计算晒版及上版费时，均不包括出版社或委印方自用样本数量。印数不足 3 000 印按 3 000 印计。不足一个印张的零页按实际上版次数计。自翻版印刷收一套版的费用。

（2）网文版指占全书面积 20%及以上者。用 45 g 及以下薄纸加价 40%，铜版纸加价 20%。

（3）如有着墨面积较大的实地版，占面数 20%～30%加价 10%，占面数 31%～50%加价 20%，占面数 51%以上加价 30%。

（4）用彩色墨者工价另加 30%。

（5）表 4—1 中的工价以 787 mm×1 092 mm 全张纸为标准。850 mm×1 168 mm 纸张的印刷费照表 4—1 中的工价加 20%；880 mm×1 230 mm 纸张的照表 4—1 中的工价加 30%；达到或超过 635 mm×880 mm 的纸张照表 4—1 中的工价加价 50%～100%。

（6）如果需要拼版，每一对开版收拼版费及片基费，8 开、16 开为 20 元，32 开为 25 元，其他开本为 30 元。例如，成品为 16 开的图书，拼一张对开版应收 20 元拼版费，含拼版时用的片基。

（7）胶片改字，每字 0.7 元。

（8）经典著作、重点及特殊要求产品加价 30%。

5. 胶印轮转书刊印刷及上版价格表（见表 4—2）

表 4—2　　胶印轮转书刊印刷及上版价格

项目	单位	工价
文字线条版	1 印张	0.020 元
文字网纹版	1 印张	0.022 元
上版	对开版每次	80 元

说明：

（1）印数不足 5 000 印张按 5 000 印张计，超过 5 000 印张者按实际印张计。无论印数多少，均收一次上版费。

（2）网纹版是指占全书面数 20%或 20%以上者。实地面积较大者，工价另议。

（3）外来软片需改文字、改图者，每处加收 2 元。

（4）45 g 及 45 g 以下的薄纸加收 30%，60 g 及 60 g 以上厚纸加收 20%。

（5）需拼版者，每一对开版收拼版和工料费。16 开为 20 元，32 开为 30 元，64 开为 40 元，每加拼一图加收 1 元。

（6）表 4—2 中的工价是采用每千克 12 元以下的黑墨印刷。若黑墨单价在 12～13 元，每千印加收 0.5 元；若黑墨单价在 13～14 元，每千印加收 1 元；彩色墨加收 30%。

（7）印刷版的基价为每块 30 元（没有晒版前的价格）。超过基价，加收版材的差价。

（8）表 4—2 中的工价以 787 mm×1 092 mm 全张纸为标准，超过此规格者，工价加收 20%。

6. 胶印书刊（单色）印刷费的计算方法

根据公式：印刷费＝印工费＋印刷版费＋拼版费

印工费＝色令数×单价

印刷版费＝装版数量×单价

拼版费＝拼版数量×单价［见表 4—1 下说明的第（6）点］。

这样，就能计算出印刷费了，下面通过两道例题来学习并理解这部分的内容。

【例题 4—4】　某出版社委托某厂印刷小学数学教材，需印刷 2 万册，正 32 开本，内文全部采用黑色印刷，排版顺序为：前言背版权，目录 1～5 页，5 页背白，正文 1～232 页，需要拼版，并且用对开印刷机印刷，如果采用 787 mm×1 092 mm 的 70 g 双胶平板纸，需多少印刷费（内文）？

分析思路：

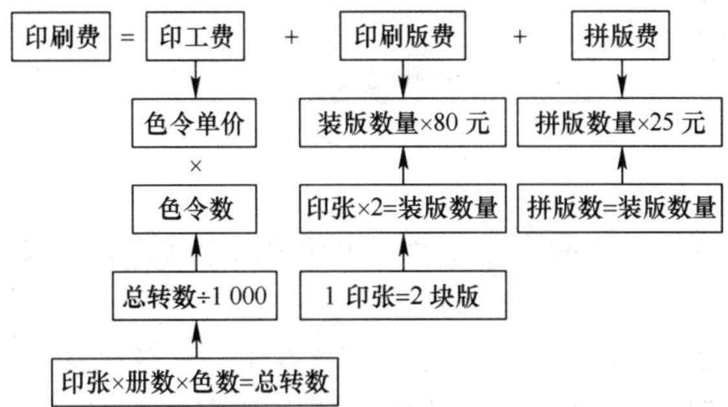

计算过程：

首先计算出这本书的印张数，然后再通过印张分别计算出印刷版费、拼版费、印工费等。

面数÷开数＝印张，但面数是未知的。

排版顺序为前言背版权，目录 1～5 页，5 页背白，正文 1～232 页，由此可以计算出：面数＝前言＋版权＋目录 5 面＋白页 1 面＋正文 232 页＝240（面）

所以，印张＝240÷32＝7.5（印张）

内文全部采用黑色印刷，故一个印张需 2 张印刷版。即：

装版数量＝7.5×2＝15（张）；拼版数量＝装版数量＝15（张）

由表 4—1 及说明可知道每张印刷版的晒版及上版基价是 80 元，32 开拼成对开版的费用是 25 元/张。故：

印刷版费＝15×80＝1 200（元）

拼版费＝15×25＝375（元）

全书总转数＝印刷册数×色数×印张＝20 000×2×7.5＝300 000（转）

色令数＝300 000÷1 000＝300（色令）

由表 4—1 可知其单价为 13.5 元/色令，即：

印工费＝300×13.5＝4 050（元）

所以，这本书内文的印刷费为：

印刷费＝印工费＋印刷版费＋拼版费＝1 200＋375＋4 050＝5 625（元）

【例题 4—5】 某作者写了一本书（文字类），要印 1 500 册。本书为大 16 开，共计 10 个印张，用规格为 850 mm×1 168 mm 的 60 g 平板书写纸印刷，内文全部采用紫色印刷，需要拼版，并且用对开印刷机印刷，求内文的印刷费。

分析思路：

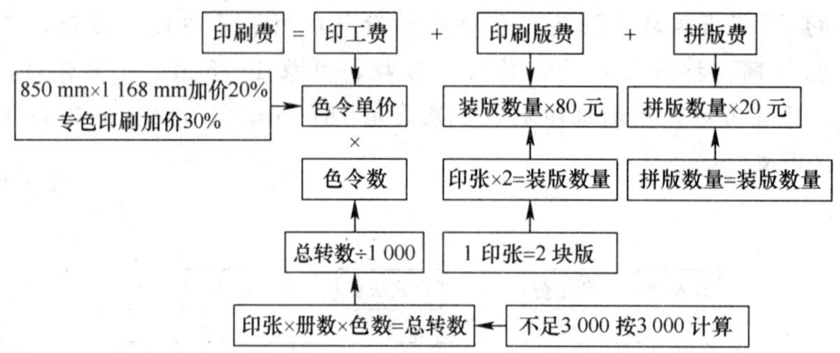

计算过程：

先分别求出印刷版费、拼版费和印工费。由于内文全部采用单紫色印刷，故一个印张需 2 张印刷版，即：

装版数量＝10×2＝20（张）；拼版数量＝装版数量＝20（张）

由表 4—1 及说明可知道每张印刷版的晒版及上版基价是 80 元，16 开拼成对开版的费用是 20 元/张，故：

印刷版费＝20×80＝1 600（元）

拼版费＝20×20＝400（元）

全书总转数＝印刷册数×色数×印张＝3 000×2×10＝60 000（转）（不足 3 000 按 3 000 计）

色令数＝60 000÷1 000＝60（色令）

由表 4—1 可知，规格为 850 mm×1 168 mm 的纸的印工费要加价 20%；用彩色墨者工价加 30%。故色令单价为：

13.5＋13.5×(20%＋30%)＝20.25（元）

即：印工费＝60×20.25＝1 215（元）

所以，这本书内文的印刷费为：

印刷费＝印工费＋印刷版费＋拼版费＝1 600＋400＋1 215＝3 215（元）

技能训练：

有一本书（文字类），印 2 500 册，共计 8 个印张，大 16 开，用规格为 850 mm×1 168 mm 的60 g 平板书写纸印刷，内文全部采用黑色印刷，需要拼版，并且用对开印刷机印刷，则：

装版数量为________________张；

拼版数量为＿＿＿＿＿＿＿＿＿＿张；
印刷版费为＿＿＿＿＿＿＿＿＿＿元；
拼版费为＿＿＿＿＿＿＿＿＿＿元；
全书总转数为＿＿＿＿＿＿＿＿＿＿转；
色令数为＿＿＿＿＿＿＿＿＿＿色令；
色令单价为＿＿＿＿＿＿＿＿＿＿元；
印工费为＿＿＿＿＿＿＿＿＿＿元；
印刷费为＿＿＿＿＿＿＿＿＿＿元。
如印刷 5 000 册，试计算印刷费。

二、轻印刷部分

目前，轻印刷机以它的经济性、快速性及小批量印刷的优越性，在印刷行业占有一定的比例，特别是在机关、学校等单位的办公印刷上发挥了巨大的作用。现在的轻印刷机，从大八开到大四开，一应俱全。

轻印刷机与大胶印机相比而言，其总体构造是一样的，但其具有低印刷成本和快捷的相对优势。表 4—3 为某印刷厂的轻印刷价格。

表 4—3　　某印刷厂的轻印刷价格

分类	计算单位	计算单价	上版基价
单色文字版	千印	10 元	3 元
线条、表格	千印	11 元	3 元

说明：

(1) 上版基价 3 元指的是使用纸基版的价格，如使用 CTP 版或 PS 版，上版基价应收 10 元（8 开）。

(2) 表 4—3 给的计算单价是指印数超过 1 000 的单价，印数低于 1 000 的开机费为 25 元左右。

(3) 如果有照片等含墨量较大的，可适当多收一些印工费。

(4) 专色印刷按表 4—3 工价加价 30%。

【例题 4—6】　有一客户要印两种宣传单，一种是 500 份 16 开单面单黑，另一种是 2 000 份 16 开单面绿色，纸张客户自带，求这项业务的印刷费。

分析思路：略。

计算过程：

500 份 16 开单面单黑的印刷费：

印数低于 1 000，则应收 25＋3＝28（元）

2 000 份 16 开单面绿色的印刷费：

印数超过 1 000，则应收 2×10×(1＋30%)＋3＝29（元）

第二节　彩色印刷计算

彩色印刷是指用两个以上颜色进行套印的印刷，如彩色画册、重要著作、高级科技图书、宣传画、年画、挂历，以及一般书刊的封面、环衬、包封等的印刷。由于市场上的机器型号不同，彩色印刷的计费方式也不同。

一、单张纸印刷（八开以上）

单张纸印刷价格见表4—4。

表4—4　　单张纸印刷价格　　元

项目	计算单位	单色及多色套色版		
		787 mm×1 092 mm	850 mm×1 168 mm	889 mm×1 194 mm 880 mm×1 230 mm
单色文字，线条及占纸面积在20%以下者	对开千印	15	15	18
网纹及占纸面积为20%～40%的实地	对开千印	20	20	25
实地（占纸面积在40%以上者）	对开千印	30	30	35
套白油	对开千印	20	20	20
晒版及上版基价（每5万对开印及以下）	每色次	80		

说明：

（1）每色印数不足3对开千印者按3对开千印计。3对开千印以上按实际计（1对开千印=1色令）

（2）必须4开、5开、6开纸印刷的产品按表4—4中工价的70%计，晒版及上版工价按对开70%计。

（3）3开纸印刷按对开纸计算。

（4）使用金、银墨的印件，印工费照表4—4中工价计，金、银墨按实际用量及价格收费，进口油墨加收油墨差价。

（5）自翻版印刷收一套PS版的费用。

【例题4—7】　某公司准备印刷5 000张正对开单面四色海报（满版图案），试求这批印刷品的印刷费。如印刷2 500张，试求印刷费。

分析思路：彩色四色印刷一般不需计算拼版费用，直接出成品菲林。

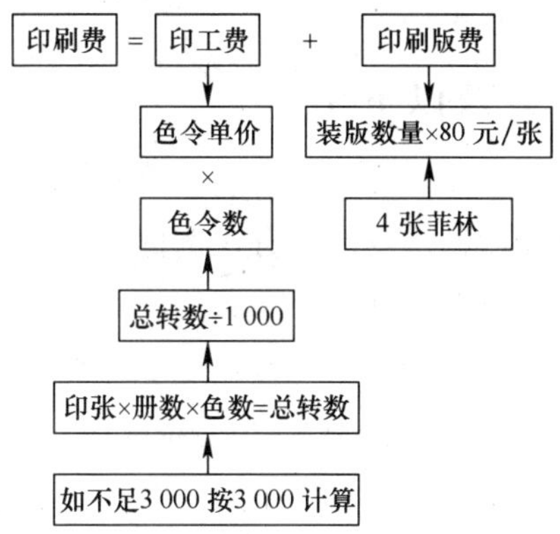

计算过程：

(1) 先分别求出印刷版费和印工费（这种印刷品一般不需手工拼版，所以无拼版费用）。

由于是单面 4 色印刷，故需 4 张菲林，即：

装版数量＝4 张。

由表 4—4 可知每张印刷版的晒版及上版基价是 80 元，故：

印刷版费＝4×80＝320（元）

总转数＝印刷数量×色数×印张＝5 000×4×1＝20 000（转）

故，色令数＝20 000÷1 000＝20（色令）

印工费＝20×30＝600（元）

所以，这批印刷品的印刷费为：

印刷费＝印工费＋印刷版费＋拼版费＝600＋320＋0＝920（元）

(2) 如印刷 2 500 张，印刷版费用不变，即为 320 元。

由于每色印数不足 3 对开千印者按 3 对开千印计，所以，

总转数＝印刷数量×色数×印张＝3 000×4×1＝12 000（转）

色令数＝12 000÷1 000＝12（色令）

印工费＝12×30＝360（元）

所以，这批印刷品的印刷费为：

印刷费＝印工费＋印刷版费＋拼版费＝360＋320＋0＝680（元）

技能训练：

有一本大 16 开书要印 2 500 册，共计 8 个印张，用 128 g 铜版纸印刷，内文全部采用四色印刷（满版图案），并且用对开印刷机印刷，则：

装版数量为__________张；

印刷版费为__________元；

全书总转数为__________转；

色令数为__________色令；

色令单价为__________元；

印工费为__________元；

即：印刷费为__________元。

如印刷 5 000 册，试计算印刷费。

二、单张纸印刷（8 开及以下）

印刷品的彩色化要求印刷机本身向多元化发展。快速、小批量彩色印刷品数量的不断增加，促使双色、多色小胶印机在印刷市场的占有比例得到很大提高。这些小胶印机在计算印刷品价格时与四开以上的印刷机有所不同。

1. 按色令计算（见表 4—5）

表 4—5　按色令计算的印刷价格　元

项目	计算单位	印刷幅面	
		8 开	10 开及以下
单色文字，线条及占纸面积为 20%以下的实地	8 开千印	20	10～15
网纹、实地占纸面积为 20%以上的	8 开千印	25	12～18
晒版及上版基价（每 1 万 8 开印及以下）	每色次	25	

说明：

(1) 每色印数不足 3 000 者（纸张规格为 8 开）按 3 000 计，印数在 3 000 以上者按实际计。

(2) 必须 10 开及以下纸印刷的产品才能按表 4—5 的工价计，否则须拼成 8 开印刷，如 16 开连二拼成 8 开。

(3) 正 8 开、大 8 开纸都按 8 开纸计。

(4) 使用金、银墨的印件，印刷费按表 4—5 的工价计，金、银墨按实际用量及价格收费，进口油墨加收油墨差价。

(5) 自翻版印刷收一套 PS 版的费用。

2. 按转数计算（见表 4—6）

表 4—6　按转数计算的四色印刷机印刷价格　元

项目	计算单位（一转包含四色）	印刷幅面	
		8 开	10 开及以下
单色文字，线条及占纸面积为 20%以下的实地	转	0.04	0.03
网纹、实地占纸面积为 20%以上的	转	0.05	0.04
晒版及上版基价（每 1 万 8 开印及以下）	每色次	25	

说明：

(1) 每份印数不足 3 000 者按 3 000 计，超过 3 000 的按实际计。通常开机费定为 240～300 元。

(2) 必须用 10 开及以下纸印刷的产品才能按表 4—6 的工价计，否则须拼成 8 开印刷，如 16 开连二拼成 8 开。

(3) 正8开、大8开纸都按8开计。

(4) 使用金、银墨的印件，印刷费按表4—6的工价计，金、银墨按实际用量及价格收费，进口油墨加收油墨差价。

(5) 自翻版印刷收一套PS版的费用，印刷总转数按双面计。

(6) 印工费=转数×单价/转。

【例题4—8】 某学校要印刷5 000份招生简章，规格为185 mm×260 mm的三折页，双面均为四色，用8开四色印刷机且自翻印刷，求需印刷费多少元。

分析思路：

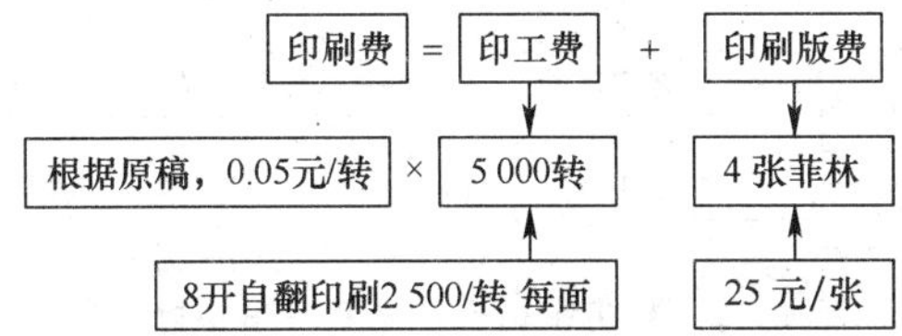

计算过程：

先求出印刷版费，由于是四色且自翻印刷，所以用4块印刷版。即：

$$印刷版费=4\times 25=100\text{（元）}$$

再求出印工费，因总印刷数量为5 000，一张8开出2个成品，所以每面的转数为2 500转，两面共计5 000转。即：

$$印工费=5\,000\times 0.05=250\text{（元）}$$

$$印刷费=250+100=350\text{（元）}$$

技能训练：

某学校要印刷3 000份招生简章，每份共计12页，规格为185 mm×260 mm，双面均为四色，网纹、实地占纸面积为20%以上，用8开四色印刷机印刷，则：

印刷版费为__________元；

总转数为__________转；

印工费为__________元；

即印刷费为__________元。

三、数码印刷

教师需要彩色的讲稿和图片，广告公司需要彩色的设计策划方案，建筑单位需要彩色的效果图，销售和市场推广人员需要彩色的产品说明书和建议书以获得竞争优势，项目经理选择使用彩色来增强其报告的效果。这些用户将会有越来越多图像质量要求很高、但印量又很少（如100页以下）的彩色印刷需求。

现有的印刷技术很难满足这些短版的需求，数码印刷是解决短版印刷问题最有效的途径。随着彩色短版印刷应用的不断增长，数码印刷将有越来越大的发展空间。

1. 彩色文件生产过程的比较及成本分析

(1) 彩色文件生产过程的比较（见图4—1、图4—2）

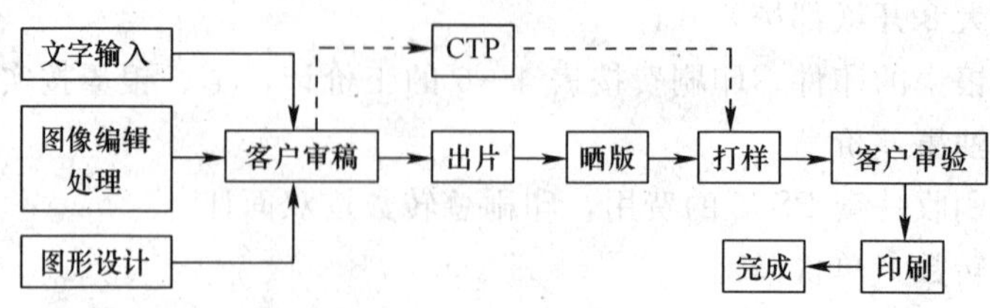

图 4—1　传统胶印生产流程（用天计）

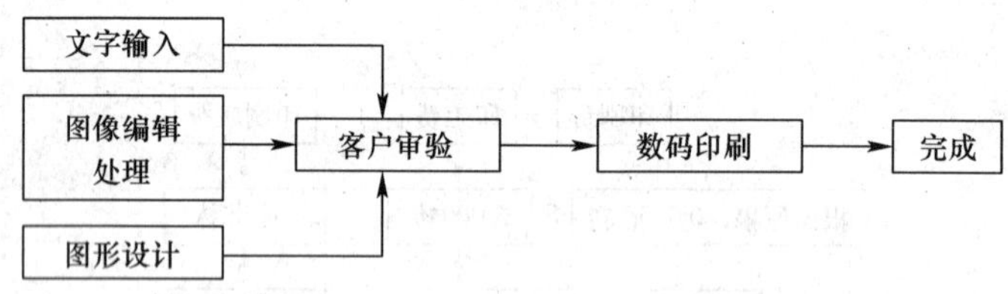

图 4—2　数码印刷生产流程（用小时计）

（2）彩色文件生产的成本对比

选择一：采用传统胶印方法的生产成本见表 4—7。

表 4—7　胶印成本分析一览

数量	100 份	500 份	1 000 份
计算机制作（元）	360	360	360
打样（元）	250	60	60
纸（157 g）（元）	0	120	200
印刷费（元）	0	800	800
合计（元）	610	1 340	1 420
单价（元/张）	6.10	2.68	1.42

注意：仅需求 100 份时，按照习惯，以打样成品活方式解决。此处假设输出四开分色胶片，打样成本每张为 6.10 元。

由表 4—7 可以看出，随着印量的增加，总的印刷成本逐渐增大，但单张成本会逐渐降低。由于印刷作业操作周期长，需要一星期左右，故对数量少、时间紧的印刷作业，传统印刷往往难以应付。

选择二：彩色数码打印系统，以富士施乐为例，一张 A3 纸打印成本仅需 2.4 元，包含耗材（纸除外）、易损件、零配件、维修、人工等费用。

彩色数码印刷单张成本恒定不变，更适合短版作业。由表 4—7 可以看出，在印量 100 张以下时，彩色数码印刷方案具有明显优势。同时，该方案具有质量高、速度快的特点，可以实现“按需印刷，立等可取”，提高效率，减少浪费。

2. 数码彩印市场的特点及服务特性

（1）超短版业务优势明显，彩色印刷需求较大。

（2）以短版业务（100 份以内）为主，突出“按需打印、立等可取”。

（3）可以为客户量身定制个性化文件 。

（4）可以为客户提供快速高效的网络服务。

（5）可以为客户提供增值的彩色服务。

3. 数码印刷的主要用户群和应用方向

（1）政府、企业等的大型投标会的标书制作，国际会议、新产品发布会等的会议资料制作。

（2）有专业彩色打印需求的企事业单位，如房地产公司的装修效果图设计、各证券交易所和投资公司的投资分析图表、设计院的设计图和投标资料、服装公司的时装设计、鞋厂的鞋样设计、公安局的特种证件制作、学校招生办的准考证、报名表制作等。

（3）各大公司的宣传资料、产品说明书、促销彩页等。

（4）律师事务所、会计师事务所的案件陈词、诉讼文件等。

（5）各大公司的董事会文件、培训资料及会议文件。

（6）各宾馆、饭店、商场、超市、专卖店等，对印刷品的需求品种多、周期短、时效性强，正好符合数码印刷的特点。

（7）大型的展览会和各种团体会议对宣传品，纪念品的需求品种多、数量少、时效性强，只有数码印刷才能胜任。

（8）请柬、贺卡、明信片、台历、挂历等的制作。

（9）旅游景点为游客即时打印数码照片，制作艺术饰物。

（10）在广告打样方面，可保证一定数量较为稳定的业务来源。

（11）许多冲印店都开始考虑用彩色数码设备用于数码相片的冲晒，以取代喷墨设备。

4. 数码印刷的具体收费标准（以 FUJI XEROX Phaser 7750DN 型设备为例）

（1）按照普通的服务模式

50％覆盖率的 A3 彩色文件每页成本＝黑色粉单价＋红色粉单价＋蓝色粉单价＋黄色粉单价＋硒鼓单价×4＋定影组件单价＋纸张及其他消耗（约 0.5 元）＝10.1 元

说明：

1）此处的寿命是以 A4 幅面 50％的覆盖率这一国际标准来计算。

2）一色碳粉配一个硒鼓，计算彩色文件成本时应其单价乘 4。

（2）按照全保服务模式

每页成本： 2.6 元(A3,全覆盖率)＋纸张及其他消耗(0.5 元)＝3.1 元

综上所述，当客户选择富士施乐全保服务时，建议彩色短版印刷业务的价格可定在 A3 每张 8 元。

四、包装、装潢、商标印刷

随着经济发展和社会生活进步，包装、装潢、商标印刷已经逐渐成为印刷业发达地区的支柱产业，如烟酒、食品等都是需求量大的包装。该类印刷价格见表 4—8。

表 4—8　　包装、装潢、商标印刷价格　　元

规格和开数	单位	3 000 印及以内基础价	3 000 印以上超基础价（每印次）	4 万印以上标准价（每印次）
780 mm×540 mm（2～3 开）	每色	700.00	0.032	0.046
540 mm×390 mm（4～7 开）	每色	500.00	0.023	0.033
390 mm×270 mm（8～13 开）	每色	350.00	0.017	0.024
270 mm×200 mm（14 开以下）	每色	260.00	0.013	0.018

说明：

1. 表 4—8 的工价包括上版、版材、印刷、改色、包装费用，不包括制版、纸张费用。

2. 表 4—8 的工价以每张每色为计算单位。每张每色在 3 000 印及以内者，只收基础价；在 3 000～40 000 印者，除照收基础价外，还应另收超基础加价。其计算公式为：

总金额＝基础价＋(实际印数－3 000)×超基础加价

印数在 4 万印以上者，只按 4 万印以上标准价收费（不另收超基础加价），其计算公式为：

总金额＝总印数×4 万印以上标准价

3. 200 g 以上的厚纸，40 g 及以下的薄纸，加价 30%。400 g 及以上的厚纸加收 50%，玻璃卡纸加收 50%。

4. 铝箔纸（钢精纸）加收 150%，描图纸加收 150%。

5. 凸印串色加收 50%，用荧光油墨加收 100%，普通油墨加入少量荧光油墨加收 50%。印金银墨时，按墨地占纸张面积分别计算，墨地占纸张面积小于 25%，加收 100%；面积占 25%～50%，加收 200%；面积占 50%～75%，加收 300%；超过 75%，加收 400%。

6. 叠印、压凸各按加一色计算收费。

7. 烫印电化铝以 2 000 印为计算起点，不足 2 000 印按 2 000 印计。2～3 开每色每次收 0.07 元，4～7 开每色每次收 0.05 元，8～12 开每色每次收 0.035 元，12 开以下每色每次收 0.025 元。

8. 上亮油，2～3 开每张 0.15 元，4～7 开每张 0.10 元，8 开以下每张 0.06 元。

9. 以上工价以 787 mm 纸为标准，超过此标准者加价 30%，超过 900 mm 的纸按全张纸计算。

【例题 4—9】 用 250 g 白卡纸印刷 2 000 个包装盒（样式见图 4—3），上机印刷开数是 4 开，外表面印银色，两处标识印橘黄色（荧光），其余文字印黑色。求：

（1）印刷 2 000 个包装盒，印工费是多少？

（2）如果印刷 25 000 个，印工费是多少？

（3）如果印刷 50 000 个，印工费是多少？

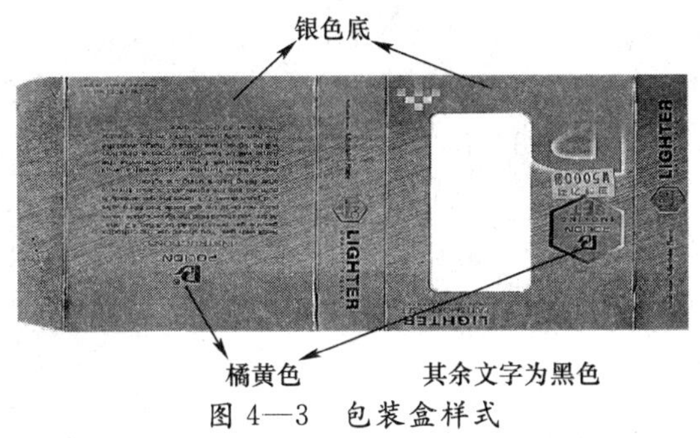

图 4—3 包装盒样式

(1) 印刷 2 000 个包装盒，即印数在 3 000 以内。

分析思路：

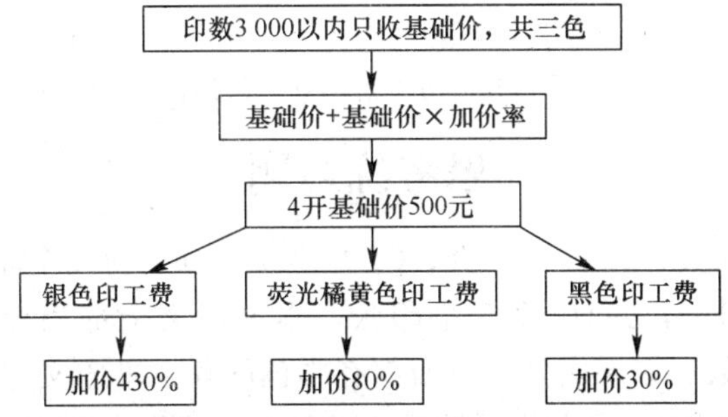

计算过程：

银色印工费：由表 4—8 及说明，印刷 2 000 个的基础价应为 500 元（4 开），印金银墨时，超过 75％者加收 400％，200 g 以上的厚度，加收 30％，即：

$$总计银色印工费=500+500\times(400\%+30\%)=2\ 650\ (元)$$

荧光橘黄色印工费：普通油墨加入少量的荧光墨加收 50％，200 g 以上的厚纸，加收 30％，即：

$$总计荧光橘黄色印工费=500+500\times(50\%+30\%)=900\ (元)$$

黑色印工费：200 g 以上的厚纸，加收 30％，即：

$$总计黑色印工费=500+500\times 30\%=650\ (元)$$

所以，印刷 2 000 个的印工费＝2 650＋900＋650＝4 200（元）

(2) 如果印刷 25 000 个，则印数在 3 000～40 000 印。

分析思路：参照第一问。

计算过程：

$$总金额=基础价+(实际印数-3\ 000)\times 超基础加价$$

银色印工费：
$$\begin{aligned}总金额&=2\ 650+(25\ 000-2\ 000)\times[0.023+0.023\times(400\%+30\%)]\\&=2\ 650+2\ 803.7\\&=5\ 453.7\ (元)\end{aligned}$$

荧光橘黄色印工费：
$$\begin{aligned}总金额&=900+(25\ 000-2\ 000)\times[0.023+0.023\times(50\%+30\%)]\\&=900+952.2\end{aligned}$$

=1 852.2（元）

黑色印工费：总金额=500+(25 000−2 000)×(0.023+0.023×30%)

=500+687.7

=1 187.7（元）

所以，印刷25 000个的印工费=5 453.7+1 852.2+1 187.7=8 493.6（元）

(3) 如果印刷50 000个，则印数在4万印以上。

分析思路：参照第一问。

计算过程：

总金额=总印数×4万印以上标准价

银色印工费：总金额=50 000×[0.033+0.033×(400%+30%)]=8 745（元）

荧光橘黄色印工费：总金额=50 000×[0.033+0.033×(50%+30%)]=2 970（元）

黑色印工费：总金额=50 000×(0.033+0.033×30%)=2 145（元）

所以，印刷50 000个的印工费=8 745+2 970+2 145=1 3860（元）

思考练习题

1. 请计算32开128页、16开256页、64开544面分别为几个印张？

2. 1本32开本的图书，共计18.5个印张，本书内文全部用黑色印刷，共印刷2 500册，求内文印刷的色令数。如果内文的每面都有彩色图片，求内文印刷的色令数。

3. 某出版社委托某厂印刷中学化学教材5万册，本书为大32开本，内文全部采用黑色印刷，共计12.5个印张，需要拼版，并且用对开印刷机印刷，如果采用880 mm×1 230 mm的70 g双胶平板纸印刷，内文需多少印刷费？

4. 某经典著作要印2 500册，内文全部采用绿色印刷，排版顺序是内封一面、版权页一面、编委名单一面（背白）、前言一面、目录1～4页、正文1～198页，大16开，需要拼版，并且用对开印刷机印刷，如果采用850 mm×1 168 mm的60 g双胶平板纸印刷，内文需多少印刷费？

5. 某客户要印刷几种彩色纸（40g）宣传单（正16开、单面单色），分别用黄、绿、红、白四种彩色纸，其中，黄色印1 500张，红色印800张，绿色和白色各印1 200张，求印刷费（采用轻印刷）。

6. 某企业要印刷一本彩色样本，印数为1 000册，用157 g铜版纸，共计96面，正16开本，用8开印刷机印刷，需多少印刷费（按转数计算）？

7. 某房地产开发公司要印一本楼书，印数3 100册，大16开本，共计144面（其中48面全部为文字说明，并且用70 g双胶纸印刷，其余全部为四色，并且用157 g铜版纸印刷），用对开印刷机印刷，总计需多少印刷费？

8. 某学校要印50 000份招生简章，规格为210 mm×285 mm的三折页，双面均为四色，用四开四色印刷机且自翻印刷，需印刷费多少元？

9. 某客户要印刷90份请柬和60份产品说明，成品均为正16开，数码印刷，求所需印刷费。

第五章　印后加工的计算

凸版印刷、平版印刷和凹版印刷的成品必须经过印后加工，才能供阅读或使用。

印后加工过程的范围和工艺，取决于印刷品的种类。例如报纸、广告、宣传画、单张画片、书籍、期刊、账簿等印刷品，必须进行一系列的加工整理或装订成册，才可以送往读者或客户手中。印刷后的加工整理统称为印后加工。印后加工的计算比较复杂，主要包括折页（数量不同差距较大）、覆膜费（按平方或开数计算）、骑马订（每本 0.05～0.1 元，不计厚薄）、锁线（每令纸）、胶装（分无线胶装和有线胶装）、糊手提袋（按个计算，包括模切费）、裱糊纸盒（按平方计算，含模切和订箱）、打码（按张数计算，0.02～0.03 元/印次）、起凸、烫金、模切版（按平方厘米计算）、模切（按千张来计算）、起凸（价格和模切相同）、烫金（按实际的烫金面积算）、上光（按印刷的一色印工来计算）和 UV 上光（按面积计算）。

第一节　书刊装订计算

装订是书刊印刷的三大工序之一。书刊装订，就是把印刷好的印张，根据各种书刊的特点，按照委印单位的要求，折成规定开本的书帖，并把各个书帖配成套，再将配成套的书帖订成书芯，然后包上封皮，切去毛边，成为一本完整的书。

订书工序常见的方式有线订、无线装订、平订、骑马订等，一般根据书的价值、体裁、耐用性、使用的方便性等来选择书的装订方式。书刊装订的计价方法也存在着差异，比如出版物印刷企业在计价时是按照本地区的印刷工价表来执行，非出版物印刷企业的计价方法比较灵活。因此，书刊装订的计价方法有两种，即社会计价和出版社计价。

一、书刊装订费用的计算（社会）

1. 不同装订方式的收费方式

骑马订：帖数×(单价/帖)×装订本数

无线胶装：(上封面费用＋折页费用＋排书费用)×装订本数

穿线平装：(上封面费用＋折页费用＋排书费用＋穿线费用)×装订本数

穿线精装：(精装费用＋折页费用＋排书费用＋穿线费用)×装订本数

无线精装：(无线胶装费用＋ 精装费用)×装订本数

折页的工序费用＝帖数×单价/帖

排书的工序费用＝帖数×单价/帖

穿线的工序费用＝帖数×单价/帖

说明：

(1) 骑马订的封面当一帖计算。

（2）内文的装订帖，如果是上轮转的，要减去折页的费用。

（3）精装费用包含做皮壳及上皮壳的费用。

2. 装订帖数的计算

装订帖数的计算是根据折页机的折页功能、开本大小和纸张厚度来决定的，因此在印前拼版时要根据装订的折页要求来安排装订的帖。一般的折页机常用的折页方法有 4 面、6 面、8 面、12 面、16 面、24 面、32 面，80 g 以上书纸、115 g 以上铜版纸或哑粉纸，不能用 24 面或 32 面折页，而要采用 12 面或 16 面来安排折页。

【例题 5—1】 一本大 32 开的书，内文 108 面，采用 128 g 哑粉纸印刷，计算内文的装订帖数。

分析思路：

32 开本一般可以安排 32 面为一帖，但由于纸张太厚，要安排 16 面为一帖。

计算过程：

16 面的帖＝(108÷16)＝6（帖）(向下取整数)

8 面的帖＝余数÷8＝(12÷8)＝1（帖）(向下取整数)

4 面的帖＝余数÷4＝4÷4＝1（帖）

或 12 面的帖＝余数÷12＝12÷12＝1（帖）

【例题 5—2】 一本 16 开的书，内文 80 面，采用 90 g 双胶纸轮转印刷，封面 4 面，采用 210 g 双卡纸印刷，印量为 50 000 本，装订方式为骑马订，计算这本书的装订费用。

分析思路：

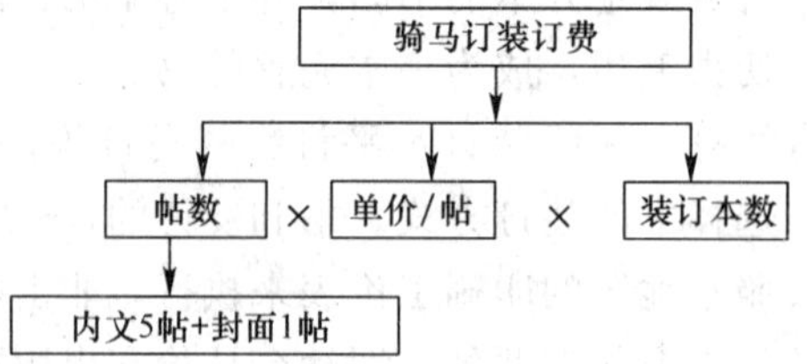

计算过程：

根据轮转的折页，每帖为 16 面，内文有 5 帖，加上封面 1 帖，这本书的装订帖数为 6 帖，假设骑马订 0.05 元/帖、折页 0.03 元/帖，则：

骑马订装订费＝帖数×单价/帖×装订本数

＝(6×0.05－5×0.03)×50 000＝7 500（元）

【例题 5—3】 一本 16 开的书，内文 128 面，90 g 双胶纸轮转印刷；封面 4 面，210 g 铜版纸。印量为 50 000 本，无线胶装，请计算这本书的装订费用。

分析思路：参照【例题 5—2】。

计算过程：

根据轮转的折页，每帖为 16 面，这本书的装订帖数为 8 帖，假设排书 0.01 元/帖、上封面 0.25 元/本，则：

无线胶装装订费＝(上封面费用＋排书)×装订本数

＝(0.25＋8×0.01)×50 000＝16 500（元）

【例题 5—4】 一本大 32 开的书，内文 108 面，128 g 哑粉纸；封面 4 面，210 g 双粉卡。印量为 5 000 本，穿线平装，请计算这本书的装订费用。

分析思路：参照【例题 5—2】。

计算过程：

根据折页的工艺要求，这本书的装订帖数为 8 帖，假设折页 0.03 元/帖、排书 0.01 元/帖、穿线 0.04 元/帖，上封面 0.25 元/本，则：

穿线平装装订费＝(上封面费用＋折页＋排书＋穿线)× 装订本数
＝(0.25＋8×0.03＋8×0.01＋8×0.04)× 5 000
＝4 800(元)

【例题 5—5】 一本 16 开的书，内文 128 面，128 g 双粉纸；精装封面，皮壳板纸 3 mm。印量为 5 000 本，穿线精装，请计算这本书的装订费用。

分析思路：参照【例题 5—2】。

计算过程：

根据折页的工艺要求，每帖为 16 面，这本书的装订帖数为 8 帖，假设折页 0.03 元/帖、排书 0.01 元/帖、穿线 0.04 元/帖、精装 1.80 元/本，则：

精装装订费＝(精装费用＋折页＋排书＋穿线)×装订本数
＝(1.80＋8×0.03＋8×0.01＋8×0.04)×5 000
＝12 200 (元)

二、书刊装订费用的计算（出版社）

表 5—1 为书刊装订工价，其中的工价（3 印张）包括的工序有折页、配页、上皮、订本、锁线、切成品等，不包括精装糊封及上封、烫金、压印、装订零件。

表 5—1　　**书刊装订工价**　　元

项目	计算单位	8 开	16 开	32 开	64 开
平装书平订	每册	0.05	0.044	0.055	0.083
胶订	每册	0.055	0.05	0.058	0.11
精平装、锁线订	每册	0.064	0.058	0.074	0.14
骑马订	每册	0.04	0.042	0.045	0.064

说明：

1. 每册以 3 印张为基数，订数不足 2 000 按 2 000 册计。骑马订画报按 16 开骑马订加价 75%。

2. 书刊装订工价在基数以上每增加一个印张，按表 5—1 中的工价加 30%计，以此类推。

3. 正文用铜版纸，照表 5—1 中的工价加收 40%；胶版纸及 70 g 以上厚纸、45 g 以下薄纸，照表 5—1 中的工价加收 30%。正文用不同纸张混装（1 印张以上）除分别按所用纸张计算外，全书正文加价 10%。平装封面用纸在 180 g 以上者，每千册加收

4.00 元。压塑料薄膜的封面，每千册加收 25.00 元（需垫衬纸者，纸由委印单位负担，需压钢纸者，8 开及以下每千册收 12.00 元）。

4. 平装锁线、胶订书的书脊卡纸者，每千印张另收工料费 1.70 元，书脊加纱布者，每千印张另收工料费 3.50 元，使用热熔胶装订者，每千印张另收胶的差价 7.00 元。

5. 横 16 开、横 32 开、850 mm×1 168 mm 加价 20%，880 mm×1 230 mm 加价 40%。

6. 超过 192 页的厚平装书用铁丝订者，锁线、胶订书超过 320 页者加价 5%。

7. 拣单页装订按平订加价 30%。

8. 挂历装订工价：4 开每本 0.20 元，3 开每本 0.25 元，对开每本 0.35 元，每本 6～7 张装订者按 8 折计算（以上工价不含材料费）。

9. 装订短版活加成办法：印数 1 万册及以下加价 50%，2 万册及以下加价 40%，3 万册及以下加价 30%（此办法适用于全部装订）。批量产品需要预装一部分的，每令加收 50.00 元，预装部分不足 10 令按 10 令计。

10. 需要密封包装者每令加收工费 0.70 元，配本包装 3 册以内每千印张加收配本费 2.50 元，每增加 1 册加价 10%，配本费以每千印张 6.00 元为限。包装材料及期刊捆扎上下垫牛皮纸者，材料费由委印单位负担。

11. 书刊装竣后，如委印单位自办发行或特殊原因暂存工厂者，以一个月为限，过期每日按书码洋 2‰计收保管费；货款未清者，每日另收 1‰的延误结算费。

12. 经典著作、重点图书及特殊要求产品加价 20%。

【例题 5—6】 1 500 册 16 开本、3 印张的期刊，封皮 157 g 铜版纸，内文 55 g 书写纸，骑马订，求装订费。

分析思路：

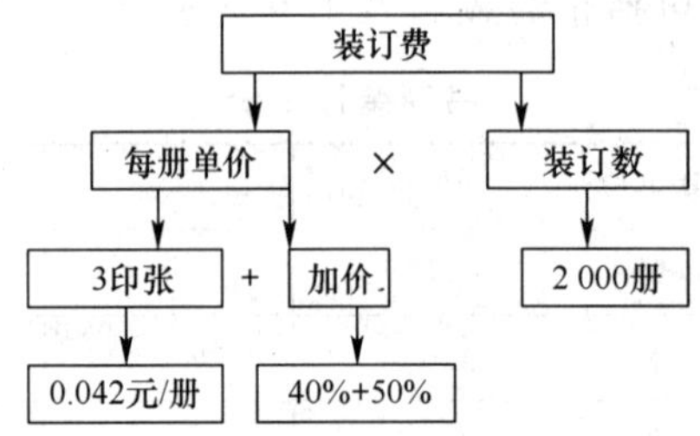

计算过程：

订数不足 2 000 按 2 000 册计，16 开本，3 印张，装订费单价 0.042 元/册。封皮 157 g 铜版纸，加价 40%，印数 1 万册及以下者加价 50%，则：

$$每册单价=0.042+0.042\times(40\%+50\%)=0.079\ 8(元)$$

$$装订费=0.079\ 8\times 2\ 000=159.6\ (元)$$

【例题 5—7】 25 000 册 32 开本、12 印张的一本书，封皮 157 g 铜版纸且覆膜，内文 70 g 书双胶，无线胶订且书脊垫卡纸和纱布，书刊装竣后 10 册一包密封包装，求装订费。

分析思路：

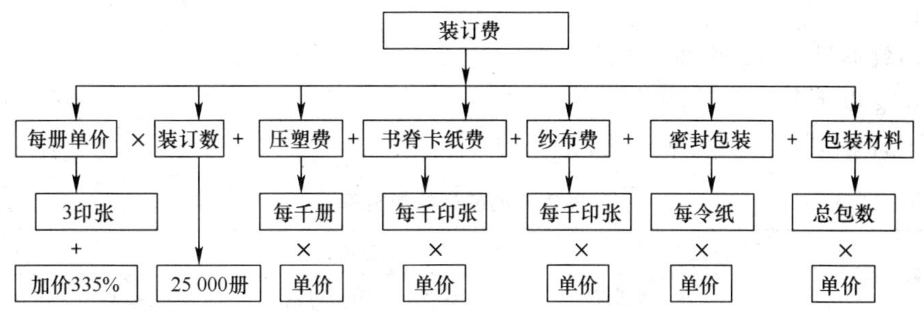

计算过程：

32 开无线胶订 0.058 元/册（3 印张），在基数以上每增加一个印张加价 30%，则加价 9×30%=270%。

用胶版纸及 70 g 以上厚纸加价 30%，胶订书超过 320 页者加价 5%，3 万册及以下者加价 30%，则：

每册单价=0.058×(270%+30%+5%+30%)=0.19（元）

压塑料薄膜的封面，每千册加收 25.00 元，则：

压塑费=25×25=625（元）

胶订书的书脊卡纸者，每千印张另收工料费 1.70 元，则：

书脊卡纸费=300×1.7=510（元）

书脊加纱布者，每千印张另收工料费 3.50 元，则：

加纱布费=300×3.5=1 050（元）

密封包装者每令加收工费 0.70 元，则：

密封包装费=25 000×12÷1 000×0.70=300×0.70=210（元）

包装材料：牛皮纸、垫纸等约合 2500×0.10=250（元）

装订费=25 000×0.19+625+510+1 050+210=7 145（元）

三、书刊装订过程中的加放率

为了保证成品的数量满足客户的要求，一般情况下都要在装订过程中加放一定量的加放率。

1. 胶印书刊装订的加放率（见表 5—2）

表 5—2　　胶印书刊装订的加放率

印数（万）	装订加放率（‰）
0.5 以下	15
0.5～1	14
1～3	13
3～5	12
5 以上	11

说明：

（1）印数不足 2 000 按 2 000 计。

（2）45 g 以下薄纸另议。

2. 彩色印刷装订的加放率（见表 5—3）

表 5—3　　彩色印刷装订的加放率

印数（万）	装订加放率（‰）		
	书刊封皮	图书封衬	其他
0.5 以下	9	14	9
0.5～1	8.5	14	8.5
1～3	8	13	8
3～5	7.5	13	8
5 以上	7.5	13	7.5

说明：印数不足 2 000 按 2 000 计。

四、精装封面加工费

表 5—4 中工价包括开料、糊工，不含材料费。

表 5—4　　精装封面加工费　　元

分类	计算单位	16 开及大于 32 开	32 开及大于 64 开	64 开及 64 开以下
全布（纸）面硬封	个	0.26	0.20	0.17
布脊纸面硬封	个	0.30	0.26	0.20
布脊纸面布角	个	0.34	0.27	0.22
丝毛、化纤织品硬封	个	0.55	0.44	0.34

说明：

1. 布或丝毛、化纤料等的裱工，按实际情况另收费。

2. 每件总数不足 200 者，按 200 收费或另议。

3. 封面切圆角者，照表 5—4 中的工价加 20%。

4. 封面需要加裱填平的每百个收费 3.00 元（纸料由委印者自备）。

5. 850 mm×1 168 mm 规格开本照表 5—4 中的工价加 10%。10～12 开本按 16 开加价 20%；大于 16 开工价另议。

6. 使用涂塑纸、覆膜纸糊全封者，照表 5—4 中的工价加 50%。

五、精装上封费

精装书的结构如图 5—1 所示。

表 5—5 中的工价包括的工序有扒圆、起脊、糊花头、帖环衬、裱封、压沟。

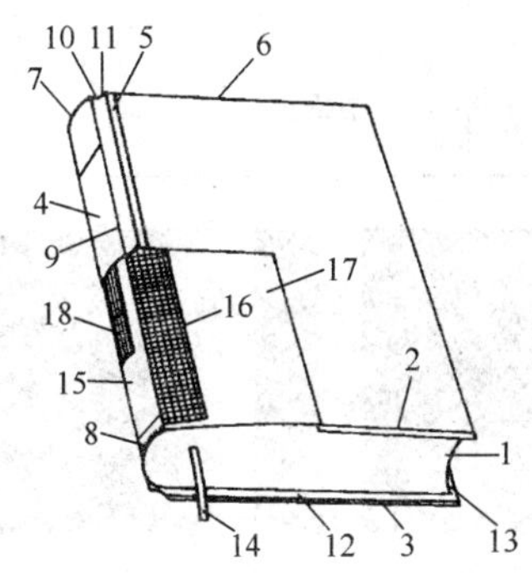

图 5—1　精装书的结构

1—书芯　2—封面　3—封底　4—书背　5—布腰　6—纸面　7—中径　8—堵布头
9—书脊　10—书槽　11—书壳　12—头脚飘口　13—口子飘口　14—书签带
15—中径纸　16—纱布　17—前衬　18—锁线线迹

表 5—5　　**精装上封费**　　元

分类	计算单位	16 开及大于 32 开	32 开及大于 64 开	64 开及以下
100 页及以下	册	0.22	0.15	0.12
101～200 页	册	0.25	0.18	0.15
201～300 页	册	0.30	0.20	0.17
301～400 页	册	0.35	0.23	0.18
401～500 页	册	0.40	0.27	0.22

说明：

1. 每件总数不足 200 册按 200 册计算或另议。

2. 850 mm×1 168 mm 规格开本照表 5—5 中的加价 10%，10～12 开按 16 开工价加收 50%，大于 10 开工价另议。

3. 正文书页要圆角者加价 10%。

4. 堵头布、卡纸、纱布由工厂自备，每千印张收工料费 6.00 元。

5. 套塑料活封照表 5—5 中的工价按折扣计算：

(1) 扒圆、糊花头、书脊裹条、上下粘白板纸的按 80%计算。

(2) 不扒圆或不糊花头的按 60%计算。

(3) 只加工书芯不套皮的减 10%。

6. 精装书芯厚度超过 500 页的每超过 100 页，每册 16 开加 0.04 元，32 开加 0.03 元，64 开加 0.02 元，超厚页数不足 100 页按 100 页计算。

7. 书芯用 70 g 以上胶版纸者加价 10%，用铜版纸者加价 40%。

六、精装封面尺寸的计算

1. 方脊脊面同料（一片）

如图 5—2 所示为脊面同料（一片）的精装封面。

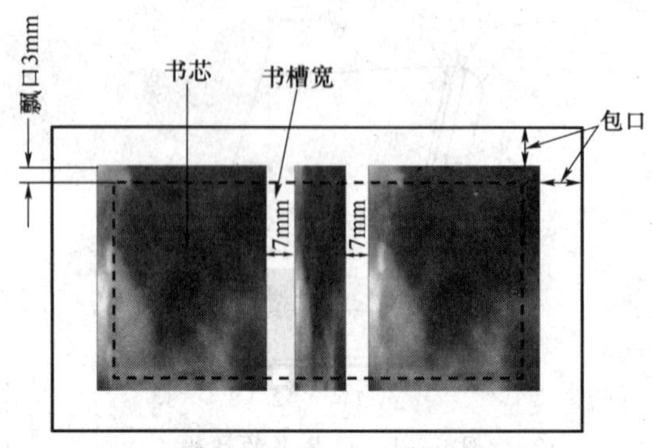

图 5—2　脊面同料（一片）的精装封面

C（飘口）=3 mm，F（包口）=15 mm，E（书槽宽）=7 mm。

(1) 精装封面尺寸

$$宽=书高+2\times C+2\times F$$

$$长=2\times 书宽+书厚+2\times 纸板厚+2\times C+2\times E+2\times F$$

(2) 纸板尺寸

$$宽=书高+2\times C$$

$$长=书宽-E+C$$

2. 方脊脊面异料（三片）

如图 5—3 所示为脊面异料（三片）的精装封面。

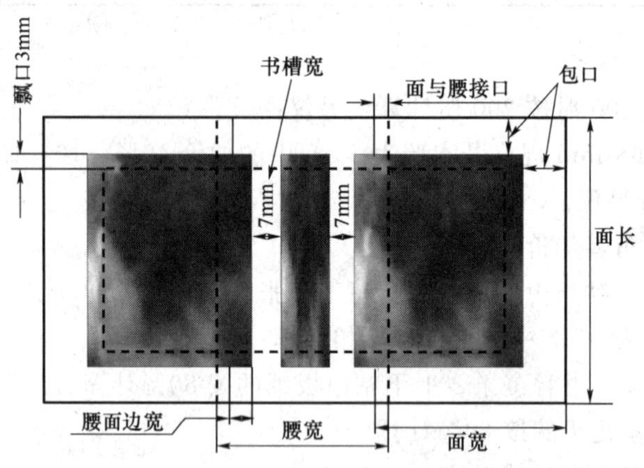

图 5—3　脊面异料（三片）的精装封面

C（飘口）=3 mm，F（包口）=15 mm，E（书槽宽）=7 mm，H（面与腰接口）=10 mm，K（腰面边宽）=18 mm。

(1) 精装封面尺寸

$$面长=书高+2\times C+2\times F$$

$$面宽=书宽-K-E+C+F$$

$$腰长=书高+2\times C+2\times F$$

$$腰宽=书厚+2\times纸板厚+2\times E+2\times K+2\times H$$

（2）纸板尺寸

$$长=书宽-E+C$$
$$宽=书高+2\times C$$

3. 圆脊脊面同料（一片）

C（飘口）=3 mm，F（包口）=15 mm，E（书槽宽）=7 mm。

（1）精装封面尺寸

$$宽=书高+2\times C+2\times F$$
$$长=2\times书宽+中缝宽（书脊弧长）+2\times C+2\times E+2\times F$$

（2）纸板尺寸

$$宽=书高+2\times C$$
$$长=书宽-E+C$$

（3）书脊弧长的计算

$$有脊(扒圆,起脊)弧长=[130°\times\pi\times(书厚+2\times纸板厚)\div2]\div180°$$
$$无脊(只扒圆,不起脊)弧长=(130°\times\pi\times书厚/2)\div180°$$

4. 圆脊脊面异料（三片）

C（飘口）=3 mm，F（包口）=15 mm，E（书槽宽）=7 mm，H（面与腰接口）=10 mm，K（腰面边宽）=18 mm。

（1）精装封面尺寸

$$面长=书高+2\times C+2\times F$$
$$面宽=书宽-K-E+C+F$$
$$腰长=书高+2\times C+2\times F$$
$$腰宽=书脊弧长+2\times E+2\times K+2\times H$$

（2）纸板尺寸

$$宽=书高+2\times C$$
$$长=书宽-E+C$$

（3）书脊弧长的计算

$$有脊(扒圆,起脊)弧长=(130°\times\pi\times书厚\div2)\div180°$$
$$无脊(只扒圆,不起脊)弧长=[130°\times\pi\times(书厚+2\times纸板厚)\div2]\div180°$$

【例题 5—8】 16 开本图书，成品尺寸为 210 mm×285 mm（H），内文 272 面，用157 g/m² 双粉纸，精装方脊，衬纸用 140 g/m² 书纸，脊面同料，纸板厚为 3 mm，求精装封面尺寸。

分析思路：

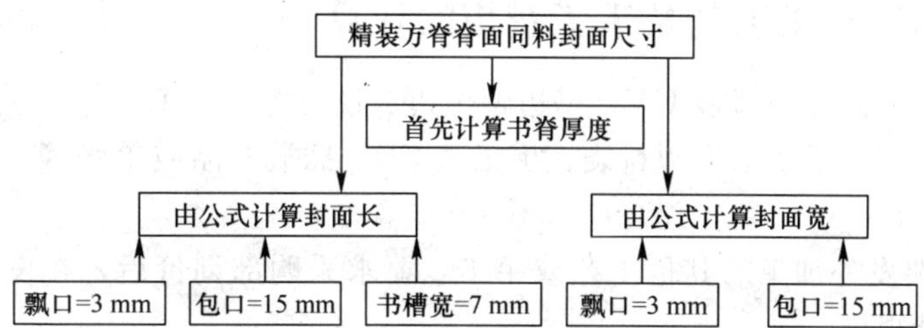

计算过程：

根据内文 272 面，用 157 g/m^2 双粉纸测算，书的厚度为 18 mm。

则精装封面尺寸为：

$$长=2\times210+18+2\times3+2\times7+2\times3+2\times15=494\ (mm)$$

$$宽=285+2\times3+2\times15=321\ (mm)$$

【例题 5—9】 32 开本图书，成品尺寸为 140 mm×203 mm（H），内文 836 面，用 60 g/m^2 书纸，精装圆脊，起脊，衬纸用 140 g/m^2 书纸，脊面同料，纸板厚为 2 mm，求精装封面尺寸。

分析思路：参照【例题 5—8】。

计算过程：

根据内文 836 面，用 60 g/m^2 书纸测算，书的厚度为 36 mm。

则精装封面尺寸为：

$$长=2\times140+46+2\times7+2\times3+2\times15=376\ (mm)$$

$$宽=203+2\times3+2\times15=239\ (mm)$$

$$脊弧长=[130^\circ\times\pi\times(书厚+2\times纸板厚)\div2]\div180^\circ$$

$$=[130^\circ\times3.142\times(36+2\times2)\div2]\div180^\circ=46\ (mm)$$

【例题 5—10】 32 开本图书，成品尺寸为 130 mm×185 mm（H），内文 96 面，用 80 g/m^2 书纸，精装方脊，自衬，脊面异料，纸板厚为 2 mm，求精装封面尺寸。

分析思路：参照【例题 5—8】。

计算过程：

根据内文 96 面，用 80 g/m^2 书纸测算，书的厚度为 6 mm。

则精装封面尺寸为：

$$面长=185+2\times3+2\times15=221\ (mm)$$

$$面宽=130-7-18+3+15=123\ (mm)$$

$$腰长=185+2\times3+2\times15=221\ (mm)$$

$$腰宽=6+2\times2+2\times7+2\times18+2\times10=80\ (mm)$$

第二节 其他印后加工工艺计算

随着图书市场的繁荣和包装行业的发展，对印刷品印后加工工艺的要求也日趋苛刻，随之而来的是千变万化的印后加工工艺。

一、其他印后加工工艺及手工费用的计算

其他印后加工工艺有局部过 UV、书边镳金边、模切等。手工操作有手工粘贴、手工折勒口、手工做书盒，以及手工入塑料袋、手工入 CD、插放礼品或单张等。它们的费用计算方式如下：

1. 如果是需要发外加工的其他工艺或手工，要求采购部询价后，在发外价的基础上加一定的毛利率对外报价。

2. 如果是本公司自己能够完成的其他工艺或手工，并且已经有生产效率及成本，对外报价的原则是在成本价的基础上加一定的毛利率。

3. 对于一些新工艺或手工，首先由工艺部确保自己是否能够完成。如果需要发外加工的，按第一条来报价；如果自己能够完成，由工艺部安排测试生产效率及相关的材料成本，得到此工艺或手工的成本后，在成本价的基础上加一定的毛利率对外报价。

二、封面表面处理的费用计算

表面处理包括过 UV、光胶、哑胶、印油、过油磨光、烫金、压凹、击凸等。

过 UV、光胶、哑胶、印油、过油磨光计量单位为令，每令的单价与印刷纸张的尺寸大小有关。

烫金、压凹、击凸按烫压面积计算，单位为 cm^2。烫压面积小于 65 cm^2，按 65 cm^2 计算；烫压面积大于 65 cm^2，按实际面积计算。

【例题 5—11】 某大 16 开本图书，内文 272 面，157 g 双粉纸，精装封面，128 g 双粉纸，皮壳板纸 3 mm，印量为 5 000 本，精装封面过光胶，书脊烫金一次（面积小于 65 cm^2），精装封面烫金一次（面积为 100 cm^2），计算精装封面的过光胶及烫金费用，已知过光胶 600 元/令（正度），烫金 0.003 元/cm^2。

分析思路：

精装封面过光胶费用：先计算出封面用纸量，由过光胶单价即可求出费用。

烫金费用：分别求出书脊和封面烫金费用。

计算过程：

根据计算，精装封面用 787 mm×1 092 mm 的纸排四个，5 000÷4=1 250（张），用纸量为 2.5 令。则：

$$\text{精装封面过光胶费用}=2.5\times600=1\ 500\text{（元）}$$

$$\text{精装封面书脊烫金费用}=65\times0.003\times5\ 000=975\text{（元）}$$

$$\text{精装封面烫金费用}=100\times0.003\times5\ 000=1\ 500\text{（元）}$$

$$\text{烫金总费用}=975+1\ 500=2\ 475\text{（元）}$$

三、覆膜费用计算

表 5—6 为不同开本封面的覆膜价格。

表 5—6 覆膜价格 元

项目	开数							
	4 开	6 开	8 开	10 开	12 开	14 开	16 开	32 开
光膜	0.33	0.24	0.20	0.17	0.14	0.12	0.10	0.07
亚光膜	0.36	0.26	0.23	0.19	0.16	0.14	0.12	0.09

说明：

1. 书刊封面、卡片等不足 2 000 个按 2 000 个计，10 000 以下按单个计，10 000 以上按纸张大小计，以上价格包括工料费。

2. 开窗覆膜加价 50%，急件加收 30%～50%。

3. 宽度为 787 mm 以上的纸加价 30%。

四、压痕、模切费用计算

表 5—7 为压痕、模切的价格。

表 5—7　　压痕、模切的价格　　元

规格、开数	2 000 张及以内基础价	超基数每增加一印张加收标准
780 mm×540 mm（2～3 开）	850	0.05
540 mm×390 mm（4～7 开）	600	0.035
390 mm×270 mm（8～13 开）	420	0.025
270 mm×200 mm（14 开以下）	320	0.019

说明：

1. 压痕、模切加工收费标准包括模具、上版、模切、整理费。

2. 表 5—7 中的工价以每张每压次为计算单位。每批压次在 2 000 及以内者，只收基础价；每批压次在 2 000 以上者，除照收基础价外，还应另收超基础标准的工价。其计算公式为：

总金额＝基础价＋(实际印数－2 000)×超基础加价

3. 表 5—7 中的工价以 787 mm 纸为标准，超过此标准者加价 30%，纸张超过 900 mm 者按全张纸计算。

五、糊盒及糊封费用计算

表 5—8 为糊盒加工的价格。

表 5—8　　糊盒加工的价格　　元

工序	糊一道口	糊一道口自封底点浆糊	倒口
2～3 开	0.035	0.08	0.01
4～7 开	0.035	0.07	0.008
8～18 开	0.02	0.045	0.006
19～32 开	0.015	0.035	0.004
33～64 开	0.011	0.025	0.002
65 开以上	0.008	0.016	0.001

表 5—9 为糊封加工的价格。

表 5—9　　糊封加工的价格　　元

印品种类	信封					手挽袋	文件袋、档案袋
	2 号	5 号	6 号	7 号	9 号		
粘糊加工单价	0.01	0.01	0.01	0.015	0.025	0.40	0.015

说明：

1. 糊盒加工 3 000 个以上者按表 5—8 计算；不足 3 000 个按实际工时计算，但总价不能超过 3 000 个的价格。

2. 以上工价以 787 mm 纸为标准，超过此标准者加价 30%，纸张超过 900 mm 者按全张纸计算。

3. 粘信封和文件袋的价格包括开封、糊盒，含模切和订箱。

【例题 5—12】 有一客户要加工 5 000 份封套，样品如图 5—4 所示，封一、封四覆光膜。“泓美企业”上面的标识烫金（面积为 55 cm^2），虚线处为压痕。试求印后加工费。

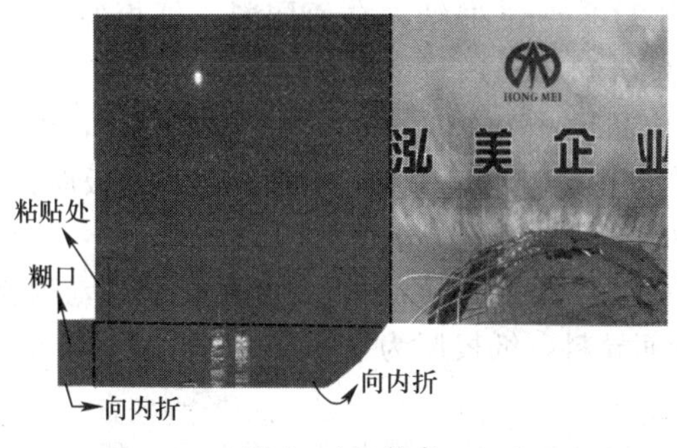

图 5—4　封套

分析思路：

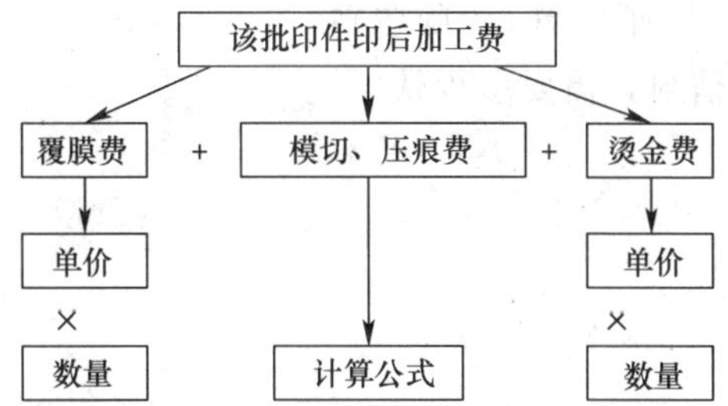

计算过程：

(1) 覆膜费

大 8 开光膜每张价格为＝0.20＋0.20×30%＝0.26（元）

覆膜费＝5 000×0.26＝1 300（元）

(2) 模切、压痕费

基础价＝420＋420×30%＝546（元）

总金额＝基础价＋(实际印数－2 000)×超基础加价

＝546＋(5 000－2 000)×0.025＝621（元）

(3) 烫金费

假设烫金单价为 0.003 元/cm^2，烫压面积小于 65 cm^2，按 65 cm^2 计算。则：

烫金费＝0.003×65×5 000＝975（元）

总加工费＝1 300＋621＋975＝2 896（元）

思考练习题

1. 某客户要印一本正 16 开的书，12 个印张，轮转印刷，封面 4 面，装订方式为锁线订，印刷 30 000 册，用 60 g 双胶纸。试求装订费。

2. 1 500 册锁线精装书，书壳用 2 mm 厚的工业板，23 个印张，内文用 70 g 胶版纸印刷。书壳裱糊特种纸，封面烫金面积约 12 cm^2，求装订费。（假设折页费用 0.03 元/帖，排书费用 0.01 元/帖，穿线费用 0.04 元/帖，精装费用 1.80 元/本）

3. 某 16 开本图书，成品尺寸为 210 mm×285 mm（H），内文 372 面，用 128 g/m^2 双粉纸，精装方脊，衬纸用 110 g/m^2 书纸，脊面同料，纸板厚为 2 mm。求精装封面尺寸（128 g/m^2 双粉纸的厚度为 0.11 mm）。

4. 某 32 开本图书，成品尺寸为 130 mm×185 mm（H），内文 636 面，用 70 g/m^2 书纸，精装圆脊，起脊，衬纸用 140 g/m^2 书纸，脊面同料，纸板厚为 2 mm。求精装封面尺寸和脊弧长（70 g/m^2 书纸的厚度为 0.07 mm）。

5. 某 32 开本图书，成品尺寸为 140 mm×203 mm（H），内文 196 面，用 80 g/m^2 书纸，精装方脊，自衬，脊面异料，纸板厚为 3 mm，求精装封面尺寸（80 g/m^2 书纸的厚度为 0.08 mm）。

6. 5 000 张 4 开印刷结束的半成品需覆光膜，需要多少钱？如果改为覆亚光膜呢？

7. 2 000 张 4 开印刷、覆膜结束的半成品，需模切、压痕成型，需要多少加工费？

8. 500 张 4 开印刷结束的半成品，分别有一处约 25 cm^2 要起凸和一处约 40 cm^2 要烫金（电化铝材料自备），需要多少加工费（含版费）？

9. 粘糊 25 000 个 7 号信封，需要多少钱？

第六章　印刷估价

在印刷成本核算中，计价的方式有两种，即印刷估价和印刷计价。所谓印刷估价就是业务员在接单时根据客户对印件的工艺描述和要求，预先对印刷活件的成本进行核算，而印刷计价就是整批印件完成后所发生的真实价格。印刷估价的报价包含了两层含义。第一层含义是针对客户本身来说的，它是指客户提供的活件进行印刷的成本。第二层含义是针对印刷企业而言的，它也包含了两方面，一方面，它包含了印刷该活件的实际成本，如人工成本、材料成本、机器折旧成本、水电成本、场地成本等实际已发生的成本；另一方面，它还包含了印刷企业印刷该活件的利润。这两方面概括起来，印刷估价就是印刷企业加工活件应该收取的加工服务费。

第一节　印刷估价基本知识

一、印刷估价的依据

印刷估价主要依据印刷工价表完成，由于我国各省份、各地区的经济发展水平不平衡，因此各省份、各地区的印刷工价也不相同。这也造成同一印刷活件，不同地区和不同省份之间的报价是不同的，也给跨省接单带来了复杂性和不确定性。

二、印刷估价的方法

尽管印刷报价在各省份、各地区存在区别，但有一点是相同的，即不同省份、不同地区采取的报价体系大体上是一致的。在印刷活件的报价上，印刷企业（包括出版社）大体上采取了两种方法：一种是根据印刷活件的加工工序进行报价；另一种是首先将需要印刷的活件进行分类，然后再将需要印刷的活件中的每一类按印刷工序进行单独报价，即所谓的根据印刷活件的对象类别进行报价。

1. 根据印刷加工工序的报价法

完成一件印刷品，大致需要经过原稿分析、印前图文信息处理、制版、晒版、印刷、印后加工等工序。在报价时，就要告诉客户该印刷活件的制版费、晒版费、印刷费和印后加工费各是多少，需注意的是，以上各工序的费用中，均包含了相关的材料费，如软片费、PS版材费等，只有印刷过程中的承印物材料费用需单独计算，如印刷书刊、报纸、杂志等的纸张费用。所以，在报价时，应标明印刷活件所需的承印材料费用。以上所有费用的总和才是印刷该活件所需的总费用。按这种模式进行的报价称为根据印刷加工工序的报价法。

2. 根据印刷对象类别的报价法

根据印刷对象类别的报价法与根据印刷加工工序的报价法理论上是一致的，只不过前者需要将印刷活件先进行分类，然后再按照后者的方法计算，最后将每一个需要印刷的对象成本汇总。按这种模式进行的报价称为根据印刷对象类别的报价法。

例如，现有一本书需要印刷，书中有彩插、黑白文字的正文、彩色封面。根据印刷对象类别报价时，先将书分为彩插、正文、封面三个对象，然后将每一个对象按印刷工序报价法分别进行报价，最后将整个费用汇总后报给客户。

3. 两种报价方法的优缺点比较

根据印刷加工工序的报价较直接，能让客户知道每一个工序的费用，但具体到每一个对象的费用时就存在不足。

根据印刷对象类别的报价较复杂，但详细，能为客户选择印刷形式提供参考。

三、印刷估价与印刷计价的区别

印刷估价与印刷计价的区别见表6—1。

表6—1　　印刷估价与印刷计价的区别

项目	速度	精确度	确定性	时点
印刷计价	适宜	100%	100%	产品完成后
印刷估价	尽可能快	误差尽量小	不全部确定	签单之前

印刷计价与印刷估价的区别是由二者的功能不同决定的。印刷计价是产品完成以后向客户结算的依据。因为产品已经加工完成，所以有计价所需的全部准确数据，有精确计算的客观可能。当然，时间上就可以相对宽裕一些。印刷估价与印刷计价的要求正好相反。印刷估价发生在印刷厂和出版社或委印单位签订合同之前，为了抢占先机，赢得市场，必须尽可能快地报价，所以时间要求是第一位的。因为是估价，所以不要求绝对准确。有些参数可能出版社或委印单位也未确定，一切要以合同为准。有些参数，如印张数，可能要等制版完成后才能确定，也要在合同中注明。所以出版社或委印单位和印刷厂要对印刷估价有正确的认识，时间第一，准确第二，允许有误差，当然误差越小越好。作为印刷厂一方，更要发挥行业的合力，研究既快捷又尽量准确的计算方法。

第二节　印张的估算

印张是一本书刊所用纸张数量的计量单位，以单张对开纸印刷正、反两面为一个印张。

在日常估价工作中，经常遇到出版社或委印单位在一本书发排前要预先知道需要用多少纸以及整本书的工价是多少的情况，以便编制预算。但由于计算不出该书能够排出多少版面，因此有时准备的纸张不够，有时又准备过多，而且加工费用也计算不出来，预算也就无法编制。印刷估价的基础，首先就是要确定印张数，否则一切都无从谈起或者出入较大。确定印张最准确的办法是根据出版社或委印单位提供的组好版的电子文件的页码顺序，计算出该产品的印张数。如果出版社或委印单位提供的是文字或图片原稿，则复杂一些。下面介绍一些经验算法，不十分精确，仅供参考。在签订合同时，应说明实际计价印张以制版完成、出版社或委印单位确认后的数据为准，以免产生纠纷。

一、中文（日文、朝文）文字产品印张的估算

由于中文、日文、朝文都是方块字，长向与宽向都一样，计算起来比较方便，只要决定了该书的开本尺寸，正文用多大字号排版，行间距是多大，就可以计算印张。

例如，一本10万字的书，32开本，用老5号字体，加对开条，要排多少版？

32开本的尺寸是130 mm×184 mm，则横向应是130 mm×75%=97.5 mm，折合老5号字的字数为26.5个字，因半个字是无法排的，所以可排26个字。高向是184 mm×80%=147.2 mm，可排27行。每面的行数与字数都确定了，即27行×26字/行=702字，则10万字要排142版。但在实际计算版面时，必须考虑为该书留有扉页、版权、前言、目录等，还须考虑书中的标题字采用比正文大一号或大两号的字，所占行数比正文多，所以要预留出10%～15%的版面。

下面是两本都为10万字的书，用不同字体排成16开和32开所排出的版面数量。

1. 排成16开的版面数量

开本尺寸是187 mm×260 mm，版心尺寸是140 mm×208 mm，不同大小的字可排出的版面数量见表6—2。

表6—2　不同大小的字排成16开的版面数量

字号大小	每面可排字数	可排版面数量
小五号（加小五对开条）	44×44=1 936	约60面
老五号（加老五对开条）	38×38=1 444	约80面
小四号（加7.25 p条）	33×30=990	约110面
老四号（加10.5 p条）	28×25=700	约150面

2. 排成32开的版面数量

开本尺寸是130 mm×184 mm，版心尺寸是98 mm×148 mm，不同大小的字可排出的版面数量见表6—3。

表6—3　不同大小的字排成32开的版面数量

字号大小	每面可排字数	可排版面数量
小五号（加小五对开条）	31×31=961	约120面
老五号（加老五对开条）	27×27=729	约160面
小四号（加7.25 p条）	23×21=483	约230面
老四号（加10.5 p条）	20×17=340	约320面

上述计算都是大约数，由于每本书的内容不同，有的标题多，有的标题少，有的有图表，有的没有图表，所以还需综合考虑其他因素。

二、外文（拉丁文、斯拉夫文）文字产品印张的估算

1. 如果作者提供的外文原稿是电子文件，则可首先请编辑或设计人员设计该书的字体、字号、行长、行间空距等排版格式，对原电子文件加入指令进行重新编辑后，再按排出的页码数折算出印张数即可。如果原稿篇幅太长，可对确定数量的篇幅如 10 面的内容进行部分加工，得出编辑后的篇幅与原电子文件 10 面的比例，然后按比例折算出原稿页码和印张。编辑的面数越多，计算就越精确。

2. 中外文互译，可以参考上述办法。中文书籍翻译为外文版时，也可以采取同样的办法进行。

3. 外文（拉丁文、斯拉夫文）文字产品打字机原稿页码和印张的估算。可以试录入 10 面，并请编辑或设计人员设定该书的字体、行长、行间空距等排版格式，加指令进行编辑，得出编辑后的原外文稿件 10 面的比例，然后按比例折算出该书原稿的页码和印张。试录的面数越多，计算就越精确。

如果不试录，也可以采用下述办法直接估算：

外文字数与所排版面在折算时首先要知道各种字体字号的外文字母宽度的平均值、各种打字机原稿与电脑字库中的外文字折算方法、每英寸（长度）可以容纳各种字体的字母数和每英寸（高度）可以排列的行数。

由于外文字身有宽窄不一等其他原因，因此在计算时，还必须考虑以下几点：

（1）外文字母不是方块字，它的大小不同，宽窄不一。

（2）字体不同，外文字母的宽窄程度也不一样，汉字的宋、仿、楷、黑字体虽不同，但大小仍一致。如外文中普里码斯体的字母比格拉蒙体要大 10%左右，其他字体也不完全相同。

（3）各种外文所用的字母比例也不相同。如英、法、西等文种用窄身字母 e、t、i、l 较多，而德文和斯瓦希里文用宽身字母 m、w、n、u 较多。

（4）外文字母不同号字的大小比例与中文不一样。中文字一个二号字（21 磅）全身等于四个五号字（10.5 磅）的全身，而外文字一个 12 磅字不等于四个 6 磅字的总和。

（5）中文字间不空格，而外文每个单词间都必须空格，且外文分行时要考虑音节，所以每个单词之间的距离不同。

（6）打字机上字键的宽度也不相同、大的 1 英寸可排 10 个字母，小的可排 12 个字母。而且打字机打出的原稿只能是前面齐，后面不齐，所以每行的实际字数也不相同。

三、图片产品印张的估算

以图片为主的画册印张的估算，首先要有较明确的设计意图。确定好每版安排几张图片和有无接版图，然后用图片总数除以每版图片数的值，再除以开本数，就得出图片的印张数。按前述的计算方法再得出纯文字部分的版数，将文字部分和图片部分两者的印张数相加，即可得出该画册的总印张数。

第三节　印制加工费用估算

一、制版费用的估算

1. 文字排版费用的估算

文字排版费用按以下公式进行估算：

排版费总价格＝每面单价×面数

排版费每册价格＝排版费总价格÷册数

排版费每印张价格＝排版费每册价格÷印张数

2. 彩色制版费用的估算

彩色制版费用按以下公式进行估算：

彩色制版费总价格＝每面单价×面数

彩色制版费每册价格＝彩色制版费总价格÷册数

彩色制版费每印张价格＝彩色制版费每册价格÷印张数

二、印刷费用的估算

1. 单张纸胶印机印刷文字类产品

每印张印刷费＝每对开千印单价÷1 000×色数＋每对开版每色晒上版单价×色数÷印数

2. 轮转机胶印机印刷文字类产品

每印张印刷费＝每千印单价÷1 000＋每对开版每色晒上版单价×色数÷印数

文字类产品每册印刷费＝文字类产品每印张印刷费×印张数

文字类产品总印刷费＝文字类产品每册印刷费×册数

3. 彩插类产品

每印张印刷费＝每对开千印单价÷1 000×色数＋每对开版每色晒上版单价×色数÷印数

彩插类产品每册印刷费＝彩插类产品每印张印刷费×印张数

彩插类产品总印刷费＝彩插类产品每册印刷费×册数

4. 彩封类产品

每册印刷费＝每对开千印单价÷1 000×色数÷对开容纳数＋每对开版每色晒上版单价×色数÷印数

彩封类产品总印刷费＝彩封类产品每册印刷费×册数

需要注意的是，彩插、彩封类产品的印张数中如有零印张，应将零印张分解为若干装版印张计算印刷费，然后再与整数部分印张的印刷费相加。

5. 不足一个印张的彩插等零件产品

不足一个印张的彩插等零件产品，可以按彩封计价方式计算。如 0.5 印张的彩插产品，可套用彩封的计算公式，即 0.5 印张的彩插产品单张价格＝每对开千印单价÷1 000×色数÷2(对开容纳数)＋每对开版每色晒上版单价×色数÷印数。

综上所述：产品每册印刷费＝文字类每册印刷费＋彩插类每册印刷费＋彩封每册印刷费；产品总印刷费＝每册总印刷费×册数。

三、装订费用的估算

1. 骑马订产品的估价

每印张加工费＝3 印张单价÷3＋打捆每令单价÷1 000

每册加工费＝3 印张单价÷3×印张数

每册打捆费＝每令单价÷1 000×印张数

每册总加工费＝每册加工费＋每册打捆费

批产品总加工费＝每印张加工费×印张数×册数＝每册总加工费×册数

2. 胶订产品的估价

每印张加工费＝3 印张单价÷3＋胶黏剂的差价÷1 000＋每包单价÷每包本数×每本印张数

每册加工费＝每印张加工费×印数

批产品总加工费＝每印张加工费×印张数×册数＝每册总加工费×册数

3. 锁线平订产品的计价

每印张加工费＝3 印张单价÷3＋纱卡单价÷1 000＋每包打包单价÷每包本数×每本印张数

每册加工费＝每印张加工费×印数

批产品总加工费＝每印张加工费×印张数×册数＝每册总加工费×册数

4. 假精装产品的估价

每印张加工费＝3 印张单价÷3＋每包打包单价÷每包本数×每本印张数

每册加工费＝每印张加工费×印数＋包里封单价÷1 000＋折前口单价÷1 000

批产品总加工费＝每册加工费×册数

5. 精装产品的估价

每册书芯加工费＝（正文 3 印张单价÷3＋纱卡单价÷1 000）×印张数＋[彩插 3 印张单价÷3×（1＋纸张加成系数）＋纱卡单价÷1 000]×印张数

每册制壳费＝单价×加成系数

不超过 600 页的书，每册上封费＝单价；超过 600 页的书，每册上封费＝单价×[1＋（页数－600）÷50（商入整）×5％]

所以，每册装订费＝每册书芯加工费＋每册制壳费＋每册上封费。

精装产品每册价格＝每册制版费＋每册印刷费＋每册装订费，批产品总加工费＝每册总加工费×册数。

【例题 6—1】 一本大 16 开的书，文字 200 面，用书写纸印刷，彩插 64 面，用 128 g/m^2 铜版纸印刷，彩封单面，纸面精装，印数 3 000 册（制版费中，排版费单价 8 元/面，彩色制版费单价 120 元/面；印刷费中，文字印刷费 10 元/色令，彩色印刷费 30 元/色令，印刷版费 75 元/张；装订费中，书芯加工费 0.047 元/3 印张，纱卡单价 4 元/1 000 册，加成系数 0.4）。估算每册书的印制加工费用。

分析思路：

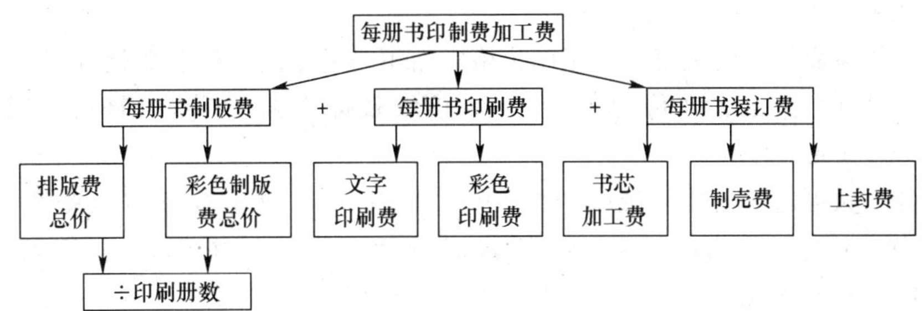

计算过程：

（1）制版费

排版费总价＝8×200＝1 600（元）

彩色制版费总价＝120×(64＋2)＝7 920（元）

所以，每册制版费＝(1 600＋7 920)÷3 000＝3.18（元）

（2）印刷费

文字每印张印刷费＝10÷1 000×2＋75×2÷3 000＝0.02＋0.05＝0.07（元）

每册文字印刷费＝0.07×(200÷16)＝0.875（元）。这一项因有半个印张，所以应当增加 75×1÷3 000＝0.025（元），每册文字印刷费共为 0.875＋0.025＝0.90（元）

彩插每印张印刷费＝30÷1 000×8＋75×8÷3 000＝0.24＋0.20＝0.44（元）

每册彩插印刷费＝0.44×(64÷16)＝1.76（元）

每册彩封印刷费＝30÷1 000×(4÷4)（对开容纳数)＋75×(4÷3 000)＝0.03＋0.10＝0.13（元）

所以，每册印刷费＝0.90＋1.76＋0.13＝2.79（元）

（3）装订费

每册书芯加工费＝(0.047÷3 ＋ 4÷1 000)×(200÷16)＋[0.047÷3×(1＋0.4)＋4÷1 000]×(64÷16)＝0.35（元）

每册制壳费＝0.19×(1＋50％)＝0.29（元）

每册上封费＝0.18（元）

所以，每册装订费＝0.35＋0.29＋0.18＝0.82（元）

综上，每册的印制价格＝3.18＋2.79＋0.82＝6.79（元）

第四节　纸张材料费用估算

使用印张法进行纸张材料费用的估算最为快捷。

一、平板纸印张价格的估算

1. 纸张印张价格

纸张印张价格＝每令价格÷1 000

例如每令纸价格为 150 元，则该纸张印张价格为 150÷1 000＝0.15（元）。

2. 纸张吨令价格

有时纸张供应商给出的是每吨纸张的价格，而不是每令的价格，那就需要进行纸张吨令价格的折算。例如，某纸张吨价为 6 000 元，该纸张每吨为 30 令，则该纸张每令价格为 6 000÷30＝200（元）。

纸张每吨令数可通过公式：纸张令数＝1 000×1 000/（纸张定量×纸张宽×纸张长×500）计算。公式可简化为：2 000÷（纸张定量×纸张宽×纸张长）。例如 787 mm×1 092 mm的 60 g/m^{2}的纸张，其每吨令数为 2 000÷(60×0.787 ×1.092)＝38.787 令。

二、卷筒纸印张价格的估算

卷筒纸供应商提供的是每吨纸张的价格，这就需要进行纸张吨令价格的折算。首先要计算卷筒纸的出纸率。按有关规定，卷筒纸的出纸率一般为同参数同质量平板纸折合令数的 90%左右，由此可推导出卷筒纸的吨令折算公式，即：

纸张令数＝[2 000÷(纸张定量×纸张宽×纸张长)]×90%

需要说明的是，该公式中的纸张宽度不是平板纸宽边的尺寸，而应当是轮转印刷机每一圆周对纸张裁切尺寸的 2 倍。使用正度尺寸的轮转印刷机印刷卷筒纸时，一般每一圆周对纸张裁切尺寸为 550 mm，使用大尺寸的轮转机印刷卷筒纸时，一般每一圆周对纸张裁切尺寸为 620 mm。表 6—4 所列为常用定量卷筒纸的出纸率，供参考。

表 6—4　　常用定量卷筒纸的出纸率　　令/吨

卷筒纸定量	787 mm×1 092 mm	850 mm×1 168 mm	880 mm×1 240 mm	889 mm×1 240 mm
40 g/m^2	50	42.5	41	40.5
45 g/m^2	45	37.5	36.5	36
50 g/m^2	41	34	33	32.5
51 g/m^2	40.5	33.5	32	32
52 g/m^2	40	33	31.5	31
55 g/m^2	38	31	30	29.5
60 g/m^2	34.5	28.5	27.5	27
70 g/m^2	29.5	24.5	23.5	23
80 g/m^2	26	21.5	20.5	20

第五节　优化估价法

一、固定成本和可变成本分别计算法

可变成本在这里专指单价随册数改变而变化的制版价格和晒上版价格。除此之外的计价项目，如印刷价格、装订价格、纸张材料价格等，均定义为固定成本。

这种快捷的估价方法主要为出版社或委印单位频繁改变产品参数时应用。例如，一本大

16 开的书籍，内文 200 面，用书写纸印刷，内文彩插 64 面，用 128 g 铜版纸印刷，彩封单面，纸面精装，印数 3 000 册。用此法估价如下：

1. 可变成本

(1) 制版费

1) 排版费总价＝8×200＝1 600（元）

2) 彩色制版费总价＝120×(64 ＋2)＝7 920（元）

所以，每册制版费＝(1 600＋7 920)÷3 000＝3.18（元）

(2) 晒上版费

1) 文字每册晒上版费＝每印张晒上版费×印版数÷3 000＝75×2×13（印张数入整）÷3 000＝0.65（元）

2) 彩插每册晒上版费＝每印张彩插晒上版费×印张数÷3 000＝75×8×(4÷3 000)＝0.80（元）

3) 彩封每册晒上版费＝75×(4÷3 000) ＝0.10（元）

所以，每册晒上版费＝0.65＋0.80＋0.10＝1.55（元）。每册制版费与每册晒上版费之和即构成每册可变成本，故每册可变成本为 3.18＋1.55＝4.73（元）

2. 固定成本

(1) 印刷费

1) 文字每印张印刷费＝10÷1 000×2＝0.02（元）

每册文字印刷费＝0.02×(200÷16)＝0.25（元）

2) 彩插每印张印刷费＝30÷1 000×8＝0.24（元）

每册彩插印制费＝0.24×(64÷16)＝0.96（元）

3) 每册彩封印刷费＝30÷1 000×(4÷4)（对开容纳数)＝0.03（元）

所以，每册印刷费＝0.25＋0.96＋0.03＝1.24（元）

(2) 装订费

1) 每册书芯加工费＝(0.047÷3＋4÷1 000)×(200÷16)＋[0.047÷3×(1＋0.4)＋(4÷1 000)]×(64÷16)（彩色印张数)＝0.35（元）

2) 每册制壳费＝0.19×(1＋50％)＝0.29（元）

3) 每册上封费＝0.18（元）

所以，每册装订费＝0.35＋0.29＋0.18＝0.82（元）

每册印刷费与每册装订费之和即构成每册固定成本，故每册固定成本为：1.24＋0.82＝2.06（元）

这样，当出版社或委印单位改变印数时，印刷厂就可以很快地估算出新的价格。例如，当上例的印数改为 4 000 册时，每册的报价为 4.73 元（可变成本)×(3÷4)＋2.06（元）(固定成本)＝5.61（元）；当印数改为 5 000 册时，每册的报价为 4.73 元（可变成本)×(3÷5)＋2.06 元（固定成本)＝4.90（元），以此类推。

二、产品印数的估价方法

一般情况下，产品印数的估价以起印数来划分。起印数计价依据加工工艺和地域的不同有所区别，例如，凸版印刷不足 2 000 印按 2 000 计价；平版印刷不足 5 000 印按 5 000 计价，也有的地区不足 3 000 印按 3 000 计价；装订不足 4 000 印按 4 000 计价。

起印数及以下产品的估价以算总价为宜，即常说的算大数；起印数及以上产品的估价以估算每册单价为宜，即常说的算小数。

思考练习题

1. 什么是印刷工序报价法？什么是印刷对象报价法？两者的区别是什么？

2. 印刷估价与印刷计价有何区别？

3. 一本 15 万字的书，排 32 开本，每面排版要求 27×27 字，要排多少版？

4. 一本 25 万字的书，排 16 开本，每面排版要求 32×32 字，要排多少版？合多少印张？

5. 一本大 32 开的书，文字 344 面，用书写纸印刷，彩插 32 面，用 105 g 铜版纸印刷，彩封单面，纸面精装，印数 5 000 册（制版费：排版费单价 10 元/面、彩色制版费单价 140 元/面；印刷费：文字印刷费 12 元/色令、彩色印刷费 30 元/色令、PS 版费 80 元/张；装订费：书芯加工费 0.047 元/3 印张、纱卡单价 4 元/1 000 册、加成系数 0.4），该书的印制费用估价是多少？

6. 一本大 16 开的书，文字 142 面，用胶版纸印刷；彩插 8 面，用 105 g 铜版纸印刷，彩封单面，纸面精装，印数 2 000 册（制版费：排版费单价 10 元/面、彩色制版费单价 140 元/面；印刷费：文字印刷费 12 元/色令、彩色印刷费 30 元/色令、PS 版费 80 元/张；装订费：书芯加工费 0.047 元/3 印张、纱卡单价 4 元/1 000 册、加成系数 0.4），该书的印制费用估价是多少？

7. 试计算规格为 787 mm×1 092 mm 的 105 g、52 g 的纸张各每吨多少令？

8. 有一长为 890 mm、定量为 55 g/m^2 的卷筒纸，滚筒裁切尺寸为 550 mm，每吨 6 800 元，求该纸每张的价格。

9. 一本大 32 开的书，文字 480 面，用 60 g 书写纸印刷，彩插 32 面，用 128 g 铜版纸印刷，彩封单面，纸面精装，印数 3 000 册，用优化估价法估算每册书的成本。

10. 一本大 16 开的书，内文 134 面，用 70 g 双胶纸印刷，内文彩插 48 面，用 105 g 铜版纸印刷。封面彩色单面印刷，采用纸面精装，印数 500 册。用优化估价法估算每册书的成本。

附录一　印刷业务员常用专业术语

一、印前工艺

1. 基本术语

制版：依照原稿复制成印版的工艺过程。

原稿：制版所依据的实物或载体上的图文信息。

拼版：将文字、图表等依据设计要求拼组成版。

打样：从拼组的图文信息复制出校样。

2. 文字排版术语

文字排版：将文字原稿依照设计要求组成规定版式的工艺。

印刷字体：供排版印刷用的规范化的文字形体。

版式：出版物的组合设计要求。

版面：印刷成品幅面中图文和空白部分的总和。

版心：印版或印刷成品幅面中规定的印刷面积。

版口：版心边沿至成品边沿的空白区域。

天头：版心上边沿至成品边沿的空白区域。

地脚：版心下边沿至成品边沿的空白区域。

横排：字符横向顺序排列成行的排版格式。

竖排：字符由上而下竖向排列成行的排版格式。

3. 图像制版术语

图像制版：用手工、照相、电子等方法复制图像原稿的总称。

照相制版：原稿的像素通过照相系统转移到感光材料上的一种制版技术。

连续调：色调值呈连续渐变的画面阶调。

网目调：用网点大小表现的画面阶调。

阳图：在黑白和彩色复制中，色调和灰调与被复制对象一致的图像。

阴图：在黑白和彩色复制中，色调和灰调与被复制对象相反的图像。

密度（光学密度）：物体吸收光线的特性量度，即入射光与反射光或透射光量之比，用透射率或反射率倒数的十进对数表示。

色密度：彩色画面的密度，用透射率或反射率倒数的十进对数表示。

密度范围：画面最小至最大密度之间的范围。

阶调：图像信息还原中，一个亮度均匀的面积的光学表现。

阶调值：阶调的量度。在印刷技术中通常用透射和反射的程度、密度表示。

极高光：画面上最亮的光点。

亮调：画面上的明亮阶调。

暗调：画面上的阴暗阶调。

中间调：画面上介于亮调和暗调之间的阶调。

反差：原稿和复制品中最亮和最暗部分的密度差。

层次：图像上从最亮到最暗部分的密度等级。

图像原稿：复制技术中被复制的照片、底片、画稿、印刷品的总称。

反射原稿：以不透明材料为图文信息载体的原稿。

透射原稿：以透明材料为图文信息载体的原稿。

连续调原稿：色调值呈连续渐变的原稿。

线条原稿：由黑色或彩色线条组成的原稿。

彩色负片原稿：以透明材料为图文信息载体的彩色阴片原稿。

彩色正片原稿：以透明材料为图文信息载体的彩色阳片原稿。

灰平衡：黄、品红、青三色版按不同网点面积配比在印刷中生成中性灰。

色彩还原：原稿色彩和复制品色彩之间色调再现的关系。

灰梯尺：阶调由白到黑或从明到暗以一定密度差逐级排列的软片、纸质或玻璃条。

测控条：由网点、实地、线条等测标组成的软片条，用以判断和控制复制、晒版、打样和印刷时的信息转移。

密度计：测量密度值用的仪器，有透射和反射之分。

龟纹：由于各色版所用网点角度安排不当等原因，印刷图像出现不应有的花纹。

分色：把彩色原稿分解成各单色版的过程。

电子分色：用电子扫描方式，将彩色原稿分解成各单色版的过程。

电子整页拼版：依据事先制定的版式，用电子方法把文字和图像信息组成整页版面的过程。

分色片：通过分色把彩色原稿分解成的单色（基本色）线条、连续调或网点阴图、阳图底片。

电子图像处理系统：依据事先制定的版式，用电子方法处理文字和图像信息，并组成整页版面输出的综合系统。

网点覆盖面积：在一个被分解成像素和非像素的图面中，像素面积的总和。

网点覆盖率：网点覆盖面积与总面积之比，通常用百分比表示。

二、印刷流程

印刷材料：印刷生产中使用的承印物和其他材料的总称。

承印物：能接受油墨或吸附色料并呈现图文的各种物质。

单张印刷：以单张纸或其他单张材料为承印物进行印刷。

卷筒印刷：以卷筒纸或其他卷筒材料为承印物进行印刷。

单色印刷：一个印刷过程中，只在承印物上印刷一种墨色。

多色印刷：一个印刷过程中，在承印物上印刷两种及两种以上的墨色。

过废页（或过轮纸）：单张纸印刷机事先用一定数量的废页进行印刷，以调整墨色或机器、印版。

翻版印：单张纸单面印刷机印完第一面后，印刷第二面时印版不需更换。

套版印：单张纸单面印刷机印完第一面后，印刷第二面时需更换第二组印版。

双面印：用两块不同的印版，在同一承印物上同时完成正面和反面印刷。

套色顺序：在多色印刷中，按一定的颜色顺序将分色版依次套印在承印物上的颜色顺序。

折标：印刷在书帖最外层折缝上供装订配帖时检查用的标记。

色令：平版印刷计量单位，以对开纸1 000张印一色为一色令。

胶印故障：在胶印过程中，影响印刷正常进行的问题或印品质量缺陷的总称。

条痕：出现在网纹平面上与滚筒轴向平行的条状印痕，属胶印印品故障。

糊版：由于印版图文部分溢墨，造成承印物上的印迹不清晰，属胶印印品故障。

网点增大：承印物上网点面积比印版上相应部分的网点面积大。

拉毛：印刷过程中，因油墨太黏或纸张表面强度差导致纸张纤维、填料或涂料从纸张表面脱落或被拉掉。

套印不准：在套色印刷过程中印迹出现重叠。

重影：在印刷品上同一色网点、线条或文字出现的双重轮廓。

背面粘脏：在承印物上的印刷油墨，粘在另一印张的背面，造成蹭脏。

透印：印在纸张上的图文在背面可见。

三、印后加工

1. 印后零件加工

覆膜：以透明塑料薄膜通过热压覆贴到印刷品表面，起保护和增加印刷品光泽的作用，塑料薄膜有亮光膜和亚光膜之分。

上光：在印刷品表面涂（或喷、印）上一层无色透明涂料，干后起保护和增加印刷品光泽的作用，上光所用的涂料有亮光和亚光之分。

压光：把有涂层的印品通过滚筒滚压增加光泽。

烫箔：用金属箔或颜料箔，通过热压转印到印刷品或其他物品表面上，以增加装饰效果。

凹凸印：用凹、凸两块印版，把印刷品压出浮雕形状的加工。

压痕：利用钢线通过压印，在纸片上压出痕迹，或留下供弯折的槽痕。

压纹：用预制不同纹路或图案的滚筒，按设计要求选用其中一种，并将其压印到承印物上的工艺过程。

打孔/打龙：按设计要求，选用不同直径、形状的模具，在承印物上冲压出孔洞。

模切：用钢刀排成模框（或用钢板雕刻成模框），在模切机上把纸片轧切成一定形状的工序。

裱合：为增加产品的厚度、韧性，以及保温、避光、防漏等功能，将两张及两张以上的承印物黏合在一起的工艺过程。

折页：按设计要求和设备、工艺、承印物的可能条件，可以有多种方式，如一折两页、两折四页、三折六页、三折八页、四折十六页、滚折四页、滚折八页等。

擦金：以一定的浆料印好字迹或图案，趁其未干时，敷上金黄色金属粉末任其黏附，然后把多余的粉末擦刷去，呈露金色的文字或图案。擦金多在请柬或贺卡等产品上使用。

2. 印后装订加工

平装：书籍常用的一种装订方式，以纸质软皮为特征。

精装：一种书籍装订方式，以装潢讲究和耐折、耐保存的装饰材料作封面为特征。

胶粘装订：书帖或书页完全靠黏合剂黏合的装订方式。

锁线订：将配好的书帖逐帖用线串钉成书芯的装订方式。

骑马订：用金属丝从书帖折缝中穿钉的装订方式。

铁丝平订：以铁丝在书芯的订口边穿钉的装订方式。

线装：中国传统的装订方式，用线把书页连封皮装订成册，订线露在外面。

螺旋装：把打好孔的单张散页用一根螺旋形的金属丝或塑料条穿在一起的装订方式。

三眼订：在书籍的订口边上打上三个小洞并穿线结牢的装订方式。

卷轴装：将印页按规格裱装后，使两端黏结于圆木或其他棒材轴上，并卷成束的装帧方式。

经折装：将印页裱接后，按一定的尺寸向左右反复折叠，并粘贴封面、封底的装帧方式，由于始用于佛经的装订而得名。

蝴蝶装；将单面印有图文的印页对折，然后把折缝粘连成书册的装订方式。

塑料线烫订：将塑料线与纱线的混合线连接书帖形成外角，经加热后使线熔融将各帖连接的装订工艺。

活页装：以各种夹、扎、粘等方式将散页连在一起的装订方式。

书芯：指书籍封皮以内或未上封皮之前已订在一起的书帖及环衬等。

书帖：按页码顺序折叠成帖的书籍印张。

书名页：书芯的第一页，载有书名、作者和出版单位等内容。

订口：书页装订部位的一侧，从版边到书背的白边。

切口：书页（线装书不在内）除订口外的其他三边。

环衬：连接书芯和封皮的衬纸。

书背：书刊封面、封底连接的部分。

毛本：三面未切光的书芯。

光本：三面切光的书芯。

堵头布：贴在精装书芯背脊天头和地脚两端的特制物。

封皮：书刊的外层，包括封面、封底和书背。

书壳：精装书籍的外皮。

书槽：精装书壳的封面、封底与书背连接部分被压下的凹槽。

包角：以某种材料包裹书壳的四角。

飘口：精装书壳超出书芯切口的部分。

书腰：精装书壳封一与封四的连接部分。

中径：精装书壳封二与封三之间的距离。

护封：套在书籍封面外面印有书名和装饰性图案的封套，也称为外包封。

勒口：书籍封皮沿书口向里折叠的部分。

折页：将印张按照页码顺序折叠成书刊开本大小的书帖，或将大幅面印张按照一定要求折成一定规格的幅面。

配帖：将书帖或单张按照页码顺序配集成册的工序。

烫背：将包本后的平装书籍书背烘干、烫平。

双联装订：两本连在一起的毛本的装订工艺。

扒圆：圆脊精装书在上壳前，先把书芯背部处理成圆弧形的工序。

起脊：精装书在上壳前，把书芯用夹板夹紧压实，在书芯正、反两面接近书脊与环衬连线的边缘处压出一条凸痕，使书脊略向外凸起的工序。

附录二　我国不同地区印刷品工价比较

一、广东省印刷品报价单（均价）

（A4）DM 双面 4 色印刷价格（成品尺寸 210 mm×285 mm）

纸张 \ 价格 \ 印数	500 张	1 000 张	2 000 张	3 000 张	5 000 张	10 000 张
105 g/m²	400 元	520 元	600 元	700 元	930 元	1 500 元
128 g/m²	410 元	550 元	620 元	730 元	1 000 元	1 600 元
157 g/m²	420 元	550 元	650 元	730 元	980 元	1 600 元
200 g/m²	480 元	600 元	700 元	870 元	1 160 元	2 200 元
250 g/m²	500 元	660 元	780 元	970 元	1 650 元	2 350 元
以上报价含出片、纸张、印刷费用，不含设计制作费用及税收。						

（A3）DM 双面 4 色印刷价格（成品尺寸 420 mm×285 mm）

纸张 \ 价格 \ 印数	500 张	1 000 张	2 000 张	3 000 张	5 000 张	10 000 张
80 g/m²	710 元	810 元	910 元	1 060 元	1 350 元	2 140 元
105 g/m²	760 元	890 元	980 元	1 150 元	1 550 元	2 400 元
128 g/m²	800 元	900 元	1 080 元	1 250 元	1 680 元	2 750 元
157 g/m²	840 元	960 元	1 160 元	1 350 元	1 800 元	2 900 元
200 g/m²	880 元	1 050 元	1 260 元	1 500 元	2 150 元	3 700 元
250 g/m²	920 元	1 100 元	1 350 元	1 650 元	2 350 元	4 000 元
以上报价含出片、纸张、印刷费用，不含设计制作费用及税收。						

（四开）海报单面 4 色印刷价格（成品尺寸 420 mm×580 mm）

纸张 \ 价格 \ 印数	500 张	1 000 张	2 000 张	3 000 张	5 000 张	10 000 张
80 g/m²	920 元	1 050 元	1 277 元	1 570 元	2 250 元	3 600 元
105 g/m²	940 元	1 010 元	1 360 元	1 740 元	2 520 元	4 170 元
128 g/m²	945 元	1 070 元	1 440 元	1 860 元	2 760 元	4 550 元
157 g/m²	980 元	1 210 元	1 700 元	2 250 元	3 380 元	5 800 元

续表

纸张 \ 价格 \ 印数	500 张	1 000 张	2 000 张	3 000 张	5 000 张	10 000 张
200 g/m²	1 040 元	1 280 元	1 840 元	2 450 元	3 780 元	6 480 元
250 g/m²	1 080 元	1 480 元	2 140 元	2 750 元	4 360 元	7 100 元
以上报价含出片、纸张、印刷费用，不含设计制作费用及税收。						

（对开）海报单面 4 色印刷价格表（成品尺寸 860 mm×580 mm）

纸张 \ 价格 \ 印数	500 张	1 000 张	2 000 张	3 000 张	5 000 张	10 000 张
80 g/m²	1 320 元	1 690 元	2 180 元	2 670 元	3 760 元	6 070 元
105 g/m²	1 400 元	1 800 元	2 410 元	3 000 元	4 300 元	7 640 元
128 g/m²	1 450 元	1 900 元	2 600 元	3 250 元	4 720 元	8 050 元
157 g/m²	1 590 元	2 180 元	3 100 元	4 030 元	6 000 元	10 950 元
200 g/m²	1 670 元	2 500 元	3 350 元	4 400 元	6 640 元	12 200 元
250 g/m²	1 890 元	2 900 元	3 700 元	5 350 元	7 780 元	14 300 元
以上报价含出片、纸张、印刷费用，不含设计制作费用及税收。						

宣传画册（16 开企业样本 250 g/m² 封面 157 g/m² 内页）（成品尺寸 210 mm×285 mm）

印数 \ 价格 \ 页数	8 页	12 页	16 页	20 页	24 页	28 页	32 页
500	3.68 元	4.80 元	5.80 元	7.30 元	9.30 元	10.50 元	12.10 元
1 000	2.55 元	2.85 元	3.85 元	4.50 元	5.55 元	6.40 元	7.10 元
2 000	1.70 元	2.15 元	2.75 元	3.15 元	3.90 元	4.50 元	4.95 元
3 000	1.33 元	1.80 元	2.26 元	2.60 元	3.26 元	3.78 元	4.20 元
5 000	1.16 元	1.62 元	1.96 元	2.24 元	2.86 元	3.34 元	3.68 元
10 000	1.07 元	1.50 元	1.77 元	2.02 元	2.59 元	3.07 元	3.33 元
以上报价含出片、纸张、印刷费用，不含设计制作费用及税收。							

二、上海市印刷品报价单（均价）

（A4）DM 双面 4 色印刷价格（成品尺寸 210 mm×285 mm）

纸张 \ 价格 \ 印数	500 张	1 000 张	2 000 张	3 000 张	5 000 张	10 000 张
105 g/m²	380 元	500 元	570 元	680 元	900 元	1 450 元
128 g/m²	390 元	510 元	600 元	700 元	930 元	1 500 元

续表

纸张＼价格＼印数	500 张	1 000 张	2 000 张	3 000 张	5 000 张	10 000 张
157 g/m^2	400 元	520 元	620 元	710 元	960 元	1 560 元
200 g/m^2	430 元	580 元	650 元	820 元	1 100 元	2 100 元
250 g/m^2	450 元	630 元	720 元	920 元	1 550 元	2 200 元
以上报价含出片、纸张、印刷费用，不含设计制作费用及税收。						

（A3）DM 双面 4 色印刷价格（成品尺寸 420 mm×285 mm）

纸张＼价格＼印数	500 张	1 000 张	2 000 张	3 000 张	5 000 张	10 000 张
80 g/m^2	690 元	780 元	870 元	1 000 元	1 280 元	2 050 元
105 g/m^2	720 元	830 元	910 元	1 100 元	1 480 元	2 300 元
128 g/m^2	750 元	850 元	1 020 元	1 150 元	1 580 元	2 550 元
157 g/m^2	800 元	920 元	1 110 元	1 290 元	1 700 元	2 700 元
200 g/m^2	830 元	1 000 元	1 200 元	1 430 元	2 000 元	3 500 元
250 g/m^2	870 元	1 030 元	1 280 元	1 570 元	2 100 元	3 850 元
以上报价含出片、纸张、印刷费用，不含设计制作费用及税收。						

（四开）海报单面 4 色印刷价格（成品尺寸 420 mm×580 mm）

纸张＼价格＼印数	500 张	1 000 张	2 000 张	3 000 张	5 000 张	10 000 表
80 g/m^2	800 元	950 元	1 150 元	1 450 元	2 050 元	3 400 元
105 g/m^2	860 元	980 元	1 260 元	1 540 元	2 320 元	3 770 元
128 g/m^2	880 元	1 000 元	1 300 元	1 700 元	2 460 元	4 050 元
157 g/m^2	900 元	1 110 元	1 580 元	2 050 元	3 080 元	5 400 元
200 g/m^2	940 元	1 160 元	1 640 元	2 250 元	3 380 元	6 080 元
250 g/m^2	1 000 元	1 280 元	1 840 元	2 450 元	4 000 元	6 600 元
以上报价含出片、纸张、印刷费用，不含设计制作费用及税收。						

（对开）海报单面 4 色印刷价格（成品尺寸 860 mm×580 mm）

纸张＼价格＼印数	500 张	1 000 张	2 000 张	3 000 张	5 000 张	10 000 张
80 g/m^2	1 220 元	1 590 元	2 000 元	2 470 元	3 560 元	5 770 元
105 g/m^2	1 280 元	1 650 元	2 210 元	2 600 元	4 000 元	7 240 元

续表

纸张＼价格＼印数	500 张	1 000 张	2 000 张	3 000 张	5 000 张	10 000 张
128 g/m²	1 350 元	1 750 元	2 300 元	2 950 元	4 420 元	7 650 元
157 g/m²	1 450 元	2 000 元	2 800 元	3 730 元	5 700 元	9 950 元
200 g/m²	1 550 元	2 350 元	3 000 元	4 000 元	6 240 元	11 500 元
250 g/m²	1 690 元	2 700 元	3 400 元	4 850 元	7 280 元	13 300 元
以上报价含出片、纸张、印刷费用，不含设计制作费用及税收。						

宣传画册（16 开企业样本 250 g/m² 封面 157 g/m² 内页）（成品尺寸 210 mm×285 mm）

印数＼价格＼页数	8 页	12 页	16 页	20 页	24 页	28 页	32 页
500	3.08 元	4.50 元	5.30 元	7.00 元	9.00 元	9.50 元	10.10 元
1 000	2.15 元	2.55 元	3.65 元	4.10 元	5.05 元	6.00 元	6.90 元
2 000	1.50 元	2.05 元	2.60 元	3.00 元	3.70 元	4.10 元	4.65 元
3 000	1.23 元	1.65 元	2.06 元	2.40 元	3.06 元	3.28 元	4.00 元
5 000	1.06 元	1.52 元	1.66 元	2.04 元	2.66 元	3.04 元	3.38 元
10 000	0.97 元	1.40 元	1.57 元	1.72 元	2.19 元	2.87 元	3.03 元
以上报价含出片、纸张、印刷费用，不含设计制作费用及税收。							

三、北京市印刷品报价单（均价）

（A4）DM 双面 4 色印刷价格（成品尺寸 210 mm×285 mm）

纸张＼价格＼印数	500 张	1 000 张	2 000 张	3 000 张	5 000 张	10 000 张
105 g/m²	330 元	450 元	520 元	630 元	840 元	1 350 元
128 g/m²	340 元	470 元	550 元	660 元	870 元	1 400 元
157 g/m²	360 元	500 元	560 元	680 元	890 元	1 460 元
200 g/m²	380 元	530 元	600 元	750 元	1 000 元	1 950 元
250 g/m²	400 元	580 元	650 元	820 元	1 400 元	2 000 元
以上报价含出片、纸张、印刷费用，不含设计制作费用及税收。						

(A3) DM 双面 4 色印刷价格（成品尺寸 420 mm×285 mm）

纸张＼价格＼印数	500 张	1 000 张	2 000 张	3 000 张	5 000 张	10 000 张
80 g/m²	630 元	720 元	820 元	950 元	1 210 元	1 950 元
105 g/m²	650 元	760 元	870 元	1 000 元	1 400 元	2 150 元
128 g/m²	680 元	800 元	920 元	1 050 元	1 480 元	2 400 元
157 g/m²	730 元	840 元	1 020 元	1 150 元	1 580 元	2 500 元
200 g/m²	780 元	900 元	1 100 元	1 280 元	1 870 元	3 300 元
250 g/m²	820 元	950 元	1 180 元	1 380 元	1 900 元	3 550 元
以上报价含出片、纸张、印刷费用，不含设计制作费用及税收。						

(四开) 海报单面 4 色印刷价格（成品尺寸 420 mm×580 mm）

纸张＼价格＼印数	500 张	1 000 张	2 000 张	3 000 张	5 000 张	10 000 张
80 g/m²	750 元	900 元	1 100 元	1 410 元	2 000 元	3 330 元
105 g/m²	810 元	930 元	1 210 元	1 500 元	2 250 元	3 670 元
128 g/m²	820 元	980 元	1 250 元	1 630 元	2 400 元	3 950 元
157 g/m²	850 元	1 070 元	1 500 元	2 000 元	3 000 元	5 250 元
200 g/m²	900 元	1 110 元	1 600 元	2 170 元	3 280 元	5 880 元
250 g/m²	950 元	1 220 元	1 760 元	2 350 元	3 800 元	6 400 元
以上报价含出片、纸张、印刷费用，不含设计制作费用及税收。						

(对开) 海报单面 4 色印刷价格（成品尺寸 860 mm×580 mm）

纸张＼价格＼印数	500 张	1 000 张	2 000 张	3 000 张	5 000 张	10 000 张
80 g/m²	1 170 元	1 520 元	1 940 元	2 370 元	3 460 元	5 670 元
105 g/m²	1 200 元	1 600 元	2 110 元	2 500 元	3 800 元	7 140 元
128 g/m²	1 280 元	1 650 元	2 200 元	2 850 元	4 220 元	7 500 元
157 g/m²	1 350 元	1 900 元	2 650 元	3 600 元	5 450 元	9 750 元
200 g/m²	1 450 元	2 200 元	2 830 元	3 840 元	6 040 元	11 100 元
250 g/m²	1 550 元	2 530 元	3 200 元	4 650 元	7 080 元	13 000 元
以上报价含出片、纸张、印刷费用，不含设计制作费用及税收。						

宣传画册（16 开企业样本 250 g/m² 封面 157 g/m² 内页）（成品尺寸 210 mm×285 mm）

印数 \ 价格 \ 页数	8 页	12 页	16 页	20 页	24 页	28 页	32 页
500	3.00 元	4.30 元	5.10 元	6.80 元	8.80 元	9.20 元	10.00 元
1 000	2.10 元	2.50 元	3.50 元	4.00 元	5.00 元	5.90 元	6.80 元
2 000	1.42 元	2.00 元	2.40 元	2.90 元	3.60 元	4.00 元	4.55 元
3 000	1.15 元	1.60 元	1.92 元	2.30 元	3.00 元	3.20 元	3.90 元
5 000	1.00 元	1.47 元	1.55 元	2.00 元	2.60 元	3.00 元	3.32 元
10 000	0.91 元	1.32 元	1.45 元	1.70 元	2.12 元	2.82 元	3.00 元
以上报价含出片、纸张、印刷费用，不含设计制作费用及税收。							

四、东北地区印刷品报价单（均价）

（A4）DM 双面 4 色印刷价格（成品尺寸 210 mm×285 mm）

纸张 \ 价格 \ 印数	500 张	1 000 张	2 000 张	3 000 张	5 000 张	10 000 张
105 g/m²	320 元	400 元	500 元	500 元	740 元	1 250 元
128 g/m²	330 元	430 元	530 元	630 元	810 元	1 350 元
157 g/m²	350 元	480 元	530 元	660 元	860 元	1 420 元
200 g/m²	370 元	520 元	590 元	730 元	1 170 元	1 750 元
250 g/m²	390 元	550 元	620 元	780 元	1 300 元	1 900 元
以上报价含出片、纸张、印刷费用，不含设计制作费用及税收。						

（A3）DM 双面 4 色印刷价格（成品尺寸 420 mm×285 mm）

纸张 \ 价格 \ 印数	500 张	1 000 张	2 000 张	3 000 张	5 000 张	10 000 张
80 g/m²	610 元	700 元	800 元	910 元	1 150 元	1 800 元
105 g/m²	620 元	720 元	830 元	950 元	1 300 元	1 900 元
128 g/m²	650 元	740 元	880 元	1 000 元	1 350 元	2 300 元
157 g/m²	700 元	810 元	1 000 元	1 100 元	1 580 元	2 400 元
200 g/m²	730 元	870 元	1 050 元	1 210 元	1 800 元	3 000 元
250 g/m²	780 元	920 元	1 150 元	1 340 元	1 850 元	3 450 元
以上报价含出片、纸张、印刷费用，不含设计制作费用及税收。						

（四开）海报单面4色印刷价格（成品尺寸420 mm×580 mm）

纸张 \ 价格 \ 印数	500张	1 000张	2 000张	3 000张	5 000张	10 000张
80 g/m²	700元	800元	1 050元	1 310元	1 700元	3 000元
105 g/m²	750元	850元	1 130元	1 440元	1 950元	3 450元
128 g/m²	790元	890元	1 170元	1 560元	2 200元	3 810元
157 g/m²	850元	970元	1 350元	1 800元	2 600元	4 550元
200 g/m²	870元	1 070元	1 540元	2 080元	3 100元	5 480元
250 g/m²	950元	1 200元	1 700元	2 350元	3 500元	6 400元
以上报价含出片、纸张、印刷费用，不含设计制作费用及税收。						

（对开）海报单面4色印刷价格（成品尺寸860 mm×580 mm）

纸张 \ 价格 \ 印数	500张	1 000张	2 000张	3 000张	5 000张	10 000张
80 g/m²	1 150元	1 300元	1 740元	2 100元	3 000元	5 300元
105 g/m²	1 200元	1 400元	1 910元	2 350元	3 450元	6 140元
128 g/m²	1 250元	1 500元	2 060元	2 550元	3 850元	6 900元
157 g/m²	1 330元	1 700元	2 350元	3 000元	4 550元	8 350元
200 g/m²	1 440元	1 900元	2 710元	3 540元	5 540元	10 500元
250 g/m²	1 550元	2 150元	3 150元	4 250元	6 680元	12 600元
以上报价含出片、纸张、印刷费用，不含设计制作费用及税收。						

宣传画册（16开企业样本250 g/m²封面157 g/m²内页）（成品尺寸210 mm×285 mm）

印数 \ 价格 \ 页数	8页	12页	16页	20页	24页	28页	32页
500	2.80元	4.10元	4.80元	6.20元	8.20元	8.80元	9.50元
1 000	2.00元	2.50元	3.10元	3.80元	4.80元	5.80元	6.60元
2 000	1.40元	1.85元	2.20元	2.70元	3.50元	3.90元	4.45元
3 000	1.15元	1.50元	1.82元	2.15元	2.90元	3.10元	3.80元
5 000	1.00元	1.40元	1.50元	1.85元	2.50元	2.90元	3.28元
10 000	0.91元	1.30元	1.35元	1.60元	2.10元	2.80元	2.95元
以上报价含出片、纸张、印刷费用，不含设计制作费用及税收。							

附录三　印刷工艺管理 ERP 系统

工艺管理是印刷包装企业管理最核心的技术环节，印刷工艺管理 ERP 系统包括业务订单生成、客户报价、生产排产、生产指令单生成、成本核算等功能。

一、工作中心设置

印刷工艺管理 ERP 系统既支持集团化或规模化印刷企业的生产管理组织方式，也支持小规模印刷企业的生产管理组织方式，既可设置在多个分厂管理下的各个工作中心管理模式，也可以按印前、印刷和印后来直接进行生产管理，或者按车间来进行生产管理。

系统允许企业根据不同的情况个性化划分生产中心，例如可添加【印前】【印刷】【印后】三个工作中心，同样也可以设置【车间一】【车间二】【车间三】【车间四】等多个车间为生产中心，如附图 1 所示。

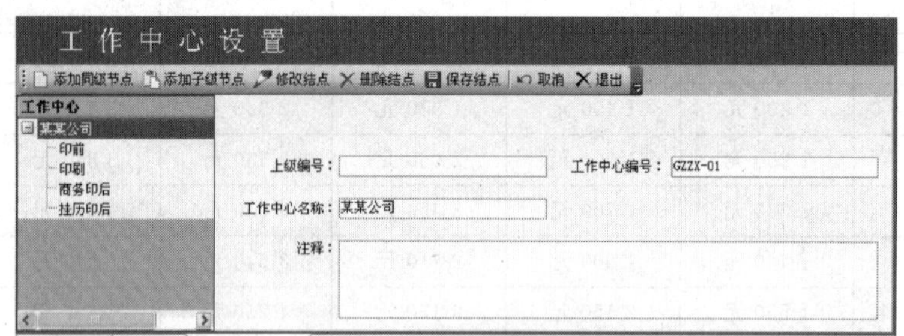

附图 1　工作中心设置

步骤 1. 点击【添加同级节点】。

步骤 2. 输入【工作中心名称】，如工作中心名称为【胶印分厂】或【包装分厂】。

步骤 3. 点击【添加子节点】。

步骤 4. 输入【工作中心名称】，如工作中心名称为【印前】和【印后】等。

步骤 5. 点击【保存结点】。

如附图 1 所示，通过上述步骤，添加四个分工作中心。

二、工艺设置

各个印刷企业根据自身业务需求，所配置的工艺设备都是不一样的，所以在系统初始化时，企业必须把涉及报价、排产、计时计价等方面的工艺整合到系统中。这里所设置的工艺一定要全面、准确，因为它是工艺流程管理的具体节点，系统将根据工艺生成报价单、计件统计单和生产作业单，如附图 2 所示。

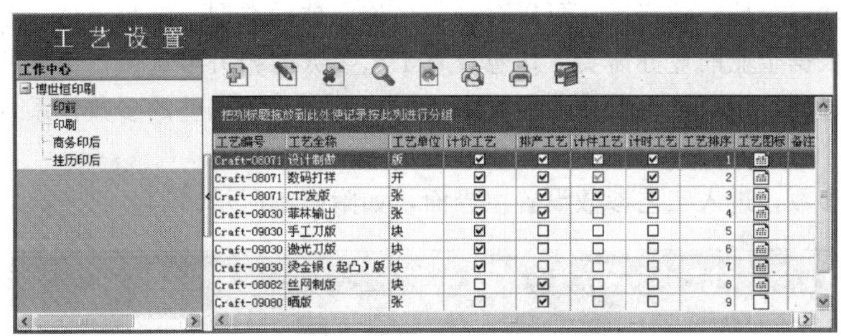

附图 2　工艺设置

步骤 1. 点击【工作中心名称】，如【印前】工作中心。

步骤 2. 点击【添加】，弹出如附图 3 所示界面。

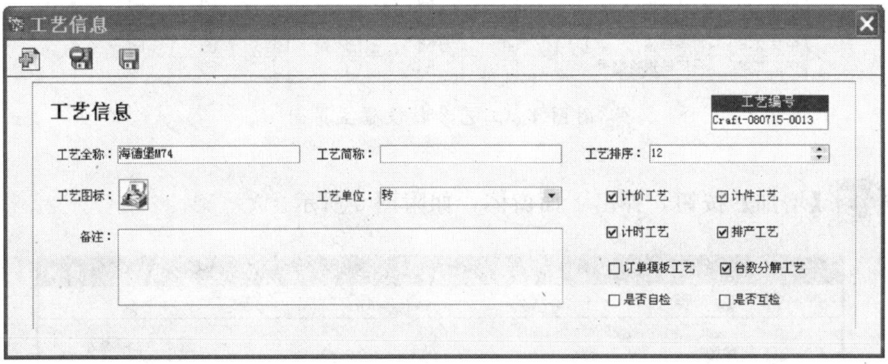

附图 3　工艺信息设置

步骤 3. 输入【工艺全称】，如“海德堡 M74”。

步骤 4. 输入【工艺排序】，工艺排序是指该工艺在所属工作中心里的显示顺序。

步骤 5. 点中【工艺图标】可以预先在已存入的文件夹中选择该工艺显示图片，系统已安装一部分图标，如果客户有更多需求，可自己设计一些图标存入。

步骤 6. 选择【工艺单位】，如“张”“转”等。

步骤 7. 选择【工艺属性】，通过复选键确认该工艺是否是计价工艺、计件工艺、计时工艺和排产工艺，其中当【台数分解工艺】被选中时，如书刊内文由 4 台页子组成，在工艺流程设计中因为工艺和使用物料相同，可作为一个整体的部件来下达，但在印刷排产和生产提交的界面，该部件会被自动分解成 1 台正、1 台反，2 台正、2 台反，3 台正、3 台反，4 台正、4 台反，同时该工艺也可被选择为是否需要自检和互检。

步骤 8. 点击【保存】，点击【退出】。

三、工艺参数

系统对各工作中心在客户报价、生产下达、生产排产和计时计件时需要用到的变量以工艺参数的形式加以个性化的定义，可以对参数名称、数据类型、参数单位、参数属性进行设置，同时可以根据企业的业务需要，任意设置工艺参数的相关可选值。而且所有的工艺参数都是由用户设置的，用户可根据企业的实际情况核定出一套完整的参数体系，可随市场的变化进行更改。

新建工艺参数，进入工艺参数设置主界面，如附图 4 所示。

工 艺 参 数

把列标题拖放到此处使记录按此列进行分组

数据类型	参数名称	计件参数	报价参数	系统参数	组合参数	合同打印	生产打印
中文文本	制作数量	☐	☑	☐	☐	☑	☑
整型数值	印刷转数	☑	☑	☐	☐	☐	☐
中文文本	印版数量	☐	☑	☐	☐	☑	☐
中文文本	印刷数量	☐	☑	☐	☐	☑	☐
中文文本	制作规格	☐	☑	☐	☐	☐	☑
中文文本	打样规格	☐	☑	☐	☐	☑	☑
中文文本	印版规格	☐	☑	☐	☐	☑	☑
中文文本	竹条规格	☑	☑	☐	☐	☑	☑
中文文本	马口铁规格型号	☐	☑	☐	☐	☐	☑

附图 4　工艺参数设置主界面

点击【增加】按钮，弹出下面窗体，如附图 5 所示。

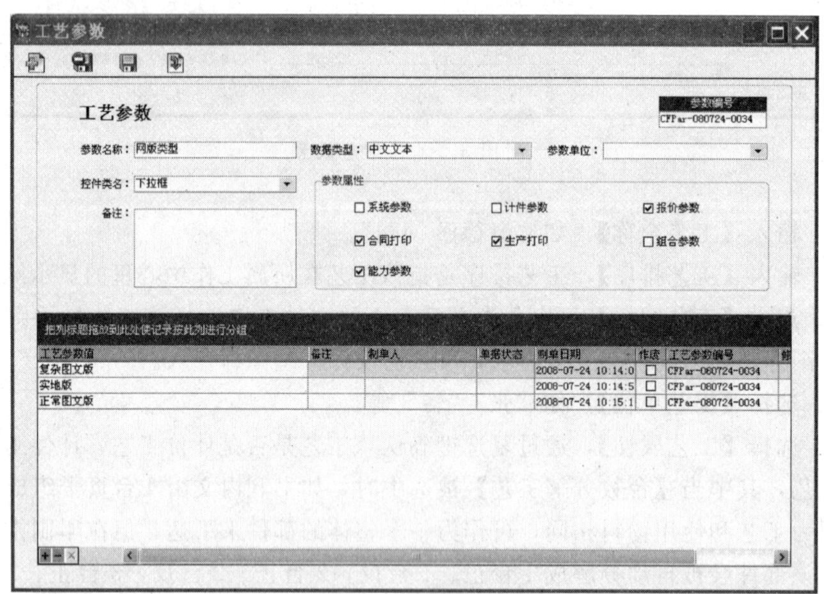

附图 5　工艺参数设置

步骤 1. 填写【参数名称】，如“网版类型”。

步骤 2. 选择【数据类型】，如“中文文本”。

步骤 3. 选择【参数单位】，也可不填。

步骤 4. 选择【控件类名】，如“下拉框”。

步骤 5. 选择【参数属性】，参数属性包括系统参数、计件参数、报价参数、合同打印、生产打印、组合参数、能力参数。

四、工艺模板设置

根据不同工艺的具体要求，将相关工艺参数以工艺模板的方式赋予每一个工艺，并可以对每一个函数型工艺参数赋予事先维护好的计算公式，从而实现了真正意义上的商业智能，如附图 6 所示。

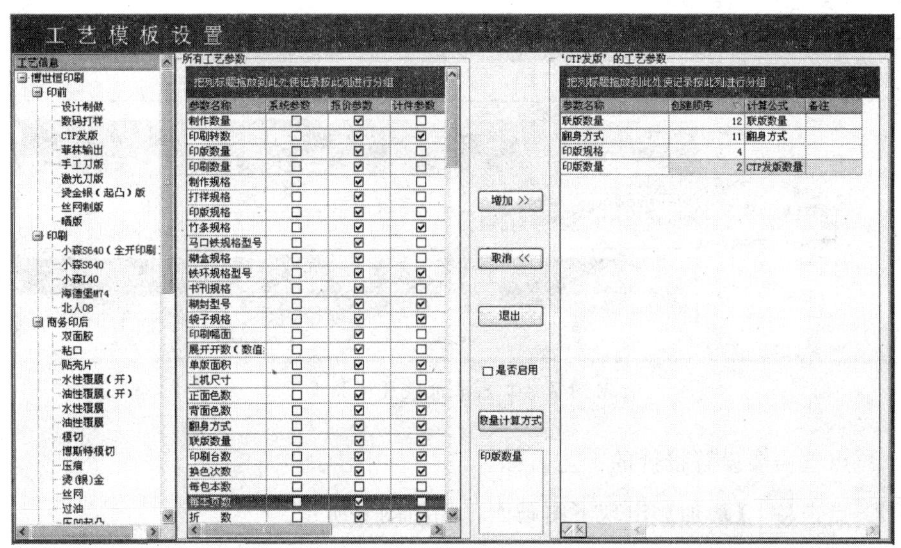

附图 6　工艺模板设置

步骤 1. 点选需要设置模板的工艺，如“CTP 发版”。

步骤 2. 选择增加【参数名称】，如“每本页数”。

步骤 3. 点击【增加】。

步骤 4. 选择参数名称所对应的【计算公式】，如印刷数量对应的计算公式为“CTP 发版数量”。

步骤 5. 点中【是否启用】，确认该模板是否正式使用。

注意，当对工艺参数所对应的【计算公式】进行设置或修改完成后，必须点击该窗体下方的绿色小对号✓✕，所作操作才被确认。

五、工艺报价设置

众所周知，印刷行业是一个特殊行业。不同客户、不同产品的用料和工艺往往不同。如果采用传统的报价模式，企业报价人员就要根据客户的要求依次计算出印张、理论用纸量、实际用纸量、拼晒版费、印刷费、印后加工费、产品运输费等。有时为了报价的准确性，报价人员还要重复多次运算来确定最终的印刷工价。可见，传统报价费时费力，同时不能保证运算的准确性。

印刷工艺管理 ERP 系统针对行业特点，将工价计算模块分为按系数估价和按成本报价两部分。该模块将材料成本、印前成本、印刷成本、印后成本、包装运输费用和管理费用同时编入工价计算模块，报价人员根据客户的需求，输入简单的印张数，选择客户要求的印刷材料就可以简单叙述工艺顺序，向客户提供大致的估价金额。同时，报价模块会计算出此批印件的成本金额，大大缩短报价人员的计算时间。鼠标点击，数据就马上生成，又可以将估价和成本相比较，严格控制生产成本，还可以成功解决计量单位换算的问题。

工艺报价设置可以对开机费和工价的计算公式进行个性化维护，如附图 7 所示。

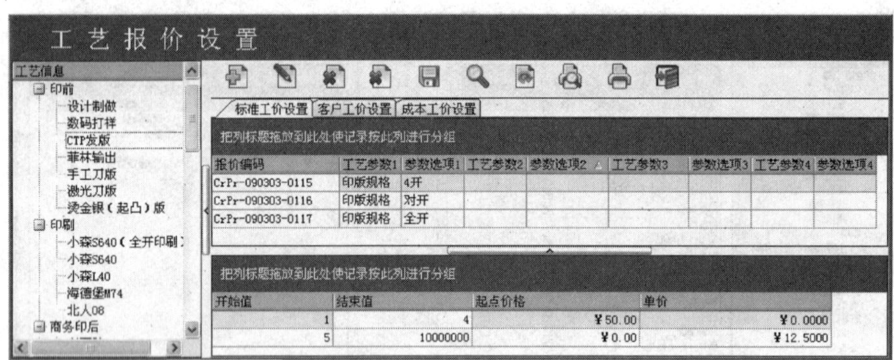

附图 7　工艺报价设置主界面

步骤 1. 点选需要设置报价的工艺名称。

步骤 2. 点击【增加】出现下图画面，如附图 8 所示。

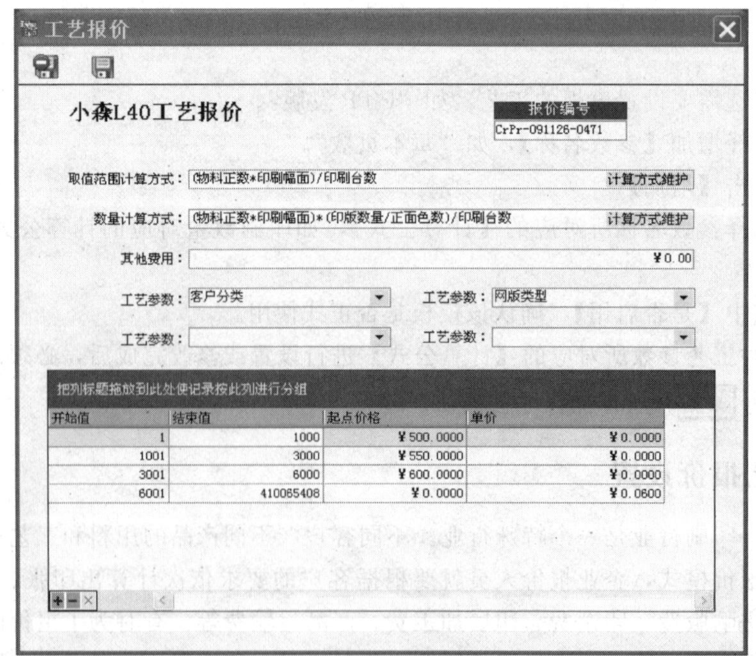

附图 8　工艺报价设置

【取值范围计算方式】如附图 9 所示，主要设置起价费的计算方式。点击右端的【计算方式维护】可出函数生成器，其工艺模板中所包含的与计价相关的工艺参数都将在函数生成器中列出。用户只需根据本企业自定的计价方式进行个性化设置。

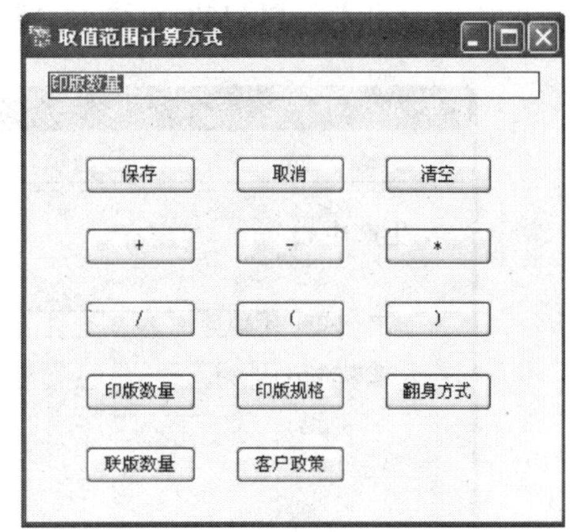

附图 9 取值范围计算方式

【数量计算方式】主要设置该工艺工价的计算方式，方法同上。

【其他费用】是指该工艺在报价时所需要附加的其他费用。

步骤 3. 选择涉及报价的各个相关【工艺参数】，最多可设置 4 个，因为要以所选定的工艺参数的数量来进行排列组合的运算，所以建议客户在满足需要的前提下选择数量越少越好。

步骤 4. 针对某一具体工艺参数的组合，初步确定该工艺报价在开始值、结束值、起点价格和单价（或开机费）方面的设置方式。点击【加号】，可设置多行【开始值】【结束值】【起点价格】（即开机费）和单价的具体值。

步骤 5. 点击【生成】后，系统开始自动计算，生成所选定工艺参数的排列组合。

步骤 6. 对所生成的不同组合，逐项修改【起点价格】（即开机费）和单价的具体值。

步骤 7. 点击【保存】，点击【退出】。

六、生产中心设置

每一个工艺中的一个或多个生产班组，即系统所定义的生产中心，它是完成某一加工工艺的最小组织单元，并作为生产排产及计时计件统计的最终执行单位。印刷企业需要对其设置相应的正常能力值、最大能力值和车间工作历，以便于进行排产和生产调度，如附图 10 所示。

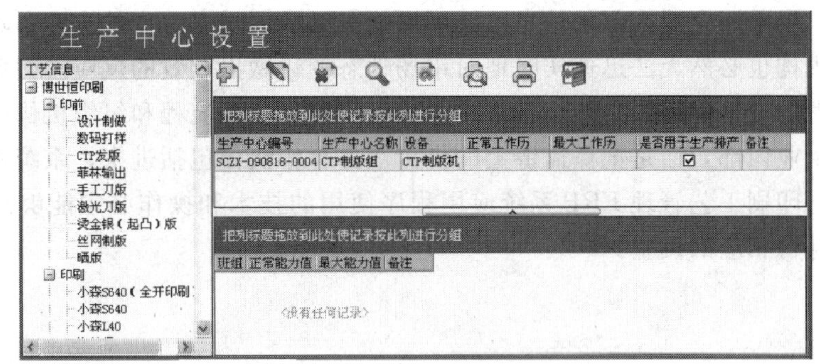

附图 10 生产中心设置主界面

步骤 1. 点选所需设置【工艺名称】。

步骤 2. 点击【增加】出现生产中心设置画面，如附图 11 所示。

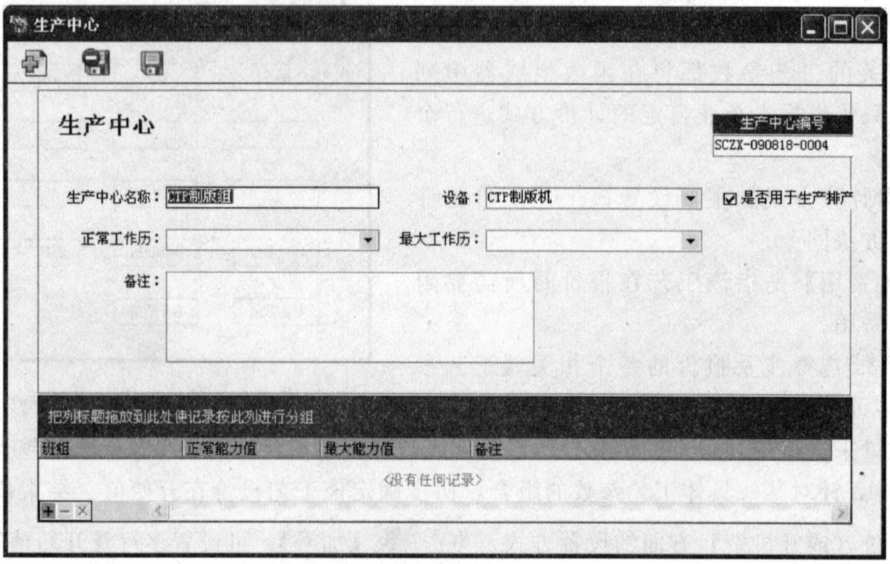

附图 11　生产中心设置

步骤 3. 填写【生产中心名称】。

步骤 4. 选择【设备】。

步骤 5. 选择【是否用于生产排产】。

步骤 6. 选择【正常工作历】和【最大工作历】，【正常工作历】是该生产中心执行的正常工作时间，【最大工作历】是包括加班在内该生产中心可以执行的最长工作时间。

步骤 7. 点击【保存】，点击【退出】。

印刷工艺管理 ERP 系统的普及加快了印刷企业的信息传递速度和实时性，扩大了业务的覆盖面和信息的交换量，为企业进行信息的实时处理、作出相应的决策提供了极其有利的条件。为了使企业的业务流程能够预见并响应环境的变化，企业的内外业务流程必须保持信息的敏捷通畅。局限于企业内部的信息系统不可能实时掌握瞬息万变的全球市场动态，多层次臃肿的组织机构也必然无法迅速实时地对市场动态变化做出有效的反应。因此，为了提高企业供需链管理的竞争优势，必然会带来企业业务流程、信息流程和组织机构的改革。这个改革已不限于企业内部，而是把供需链上的供需双方合作伙伴包括进来，系统考虑整个供需链的业务流程。印刷工艺管理 ERP 系统应用程序使用的技术和操作必须能够随着企业业务流程的变化而进行相应的调整。